*Peter Meroth / Konrad von Moltke*
Umwelt und Umweltpolitik in der Bundesrepublik Deutschland

Peter Meroth / Konrad von Moltke

# UMWELT UND UMWELTPOLITIK

in der Bundesrepublik Deutschland

iudicium verlag

# Materialien zur Landeskunde

*Herausgeber*
Robert Picht (Deutsch-Französisches Institut)

*Redaktion*
Barbara Picht (Deutsch-Französisches Institut)

*Redaktionskomitee*
Hans-Joachim Althof (Deutscher Akademischer Austauschdienst)
Jürgen Schweckendiek (Goethe-Institut)
Johann Westerhoff (Zentralstelle für das Auslandsschulwesen)
Hans Joachim Wulschner (Inter Nationes)

070932

CIP-Kurztitelaufnahme der Deutschen Bibliothek

*Meroth Peter:*
Umwelt und Umweltpolitik in der Bundesrepublik Deutschland / Peter
Meroth ; Konrad von Moltke. – München : Iudicium, 1987.
   (Materialien zur Landeskunde)
   ISBN 3-89129-025-X
NE: Moltke, Konrad von:

© iudicium verlag GmbH
   München 1987
   Alle Rechte vorbehalten
   Serienlayout: Gerhard Keim, Frankfurt
   Druck- und Bindearbeiten: difodruck Bamberg
   Printed in Germany

# Vorwort

Das Thema »Umwelt« ist ein Zentralproblem aller menschlichen Gesellschaften, das sich mit fortschreitender Industrialisierung so verschärft hat, daß es heute ähnliche Bedeutung gewinnt wie die Bereiche »Sicherheit« und »Wirtschaft«. Insofern ist es ein internationales Thema – und dies insofern, als Umweltressourcen wie Luft und Wasser und entsprechend auch Umweltschäden keine nationalen Grenzen kennen. Internationale Interdependenz wird hier zur Schicksalsfrage der ganzen Menschheit.

Zugleich ist es – gerade aus der Sicht des Auslands – ein besonders »deutsches« Thema: vielen Beobachtern gilt das seit Anfang der siebziger Jahre in der Bundesrepublik Deutschland hervortretende Umweltbewußtsein, das sich im Nuklearbereich mit apokalyptischen Zukunftsängsten verbindet, beim Waldsterben auch ein besonderes deutsches Kulturgut bedroht sieht und mit dem Vordringen der »Grünen« zeitweise das politische System zu destabilisieren schien, als Beweis, daß »Deutschland wieder deutsch«, also von gefährlicher Irrationalität ergriffen wurde.

Bei näherer Betrachtung hat jedes Land seine eigene Form, Umweltbewußtsein zu verdrängen, sie aufzunehmen und zum Gegenstand politischer, intellektueller und künstlerischer Auseinandersetzung zu machen. Sie ist das Ergebnis jeweils besonderer historischer Erfahrungen, Strukturen und kultureller Traditionen.

Der vorliegende Band versucht beide Aspekte zu verbinden und über die schwer zu überschauende Umweltsituation und Diskussion in der Bundesrepublik Deutschland so zu informieren, daß die gemeinsamen Probleme auch international diskutierbar werden.

Diesem Bestreben entspricht auch die Wahl der beiden Autoren: Konrad von Moltke war lange Jahre Direktor des von der Europäischen Kulturstiftung getragenen Instituts für europäische Umweltpolitik in Bonn und arbeitet heute in den USA als Berater amerikanischer und internationaler Umweltinstitutionen. Peter Meroth war Redakteur für Außenpolitik bei der »Stuttgarter Zeitung«, bevor er zu dem Umweltmagazin »natur« ging. Wir hoffen, daß ihre Darstellung dazu beitragen kann, diese wichtige Diskussion zugleich sachlicher und offener zu gestalten.

*Robert Picht*

# Inhalt

# 1. Einführung: Umwelt und Politik

Weltweit tauchen immer neue, ungelöste Umweltprobleme auf. Eine der größten Herausforderungen für zukunftsorientierte Politik ist das Bevölkerungswachstum. *Zur Zeit von Christi Geburt gab es auf unserem Planeten schätzungsweise 250 Millionen Menschen. Zur ersten Verdoppelung dieser Zahl brauchte es mehr als eineinhalb Jahrtausende: Um 1650, nach dem Ende des dreißigjährigen Krieges, betrug die Mitgliederzahl der Erdbevölkerung rund 500 Millionen. Die nächste Verdoppelung dauerte schon nur noch zwei Jahrhunderte: Um 1850 war die erste Milliarde erreicht. Von da ab beschleunigte sich das Wachstum immer mehr: Nach nur achtzig weiteren Jahren, bis 1930, stieg die Zahl auf zwei Milliarden an. Fünfzig Jahre später (1980) betrug sie vier, heute sind es schon 4,7 Milliarden. Und wie jeder weiß, werden es in nur 15 weiteren Jahren, im Jahre 2000, nach neuesten Schätzungen unwiderruflich mehr als sechs Milliarden Menschen sein, die auf dem noch immer selben alten Planeten Erde leben ...*[1]
Aber wird es wirklich der »noch immer selbe alte Planet Erde« sein, der sich der Belastung stellen muß, eine so große Menschenpopulation zu beherbergen - eine Anzahl von Kostgängern, die jener Menge von Menschen, die bei intensiver Bewirtschaftung der Erde äußerstenfalls zu ernähren ist, schon gefährlich nahe kommt.[2] Vieles spricht dafür, daß die Erde den gesteigerten Anforderungen schlecht gewachsen sein wird, weil die natürliche Umwelt schon heute einem Raubbau mit unabsehbaren Folgen ausgesetzt ist. Die Bilanz ist erschreckend. Zukunftsprognosen kommen meist zu düsteren Ergebnissen. Global 2000, der Bericht an den amerikanischen Präsidenten über die großen Zukunftsaufgaben, kam zu dem Ergebnis, daß die notwendigen Veränderungen die Möglichkeiten jeder einzelnen Nation übersteigen.

---

1 Hoimar von Ditfurth, So laßt uns denn ein Apfelbäumchen pflanzen, Hamburg 1985, S. 155
2 Global 2000, Der Bericht an den Präsidenten, deutsch, Frankfurt a.M. 39/1981, S. 879

*Bestimmte Entwicklungen werden alle drei Großumwelten (Bö-
den, Wasser und Luft) betreffen. Die Freisetzung toxischer Substanzen einschließlich Pestiziden wird in den Industrienationen
zunehmend einer Kontrolle unterworfen, aber bei der gegenwärti-
gen Umweltpolitik steht zu erwarten, daß zunehmende Mengen
dieser Substanzen in die Böden, Gewässer und die Luft eingeleitet werden. Alle drei Umwelten werden durch immer größere
Mengen an niedrigstrahlendem Material verseucht. Stickstoff-
und Schwefeloxide im Gefolge der Verbrennung fossiler Brennstoffe werden zu erhöhten Konzentrationen in der Atmosphäre
und zu sauren Regenfällen führen und schließlich in weiten Gebieten das chemische Gleichgewicht der Oberflächenwässer und
Böden verändern. Der Anteil der aussterbenden biologischen
Arten wird sich in allen drei Umwelten drastisch erhöhen, so daß
bis zum Jahr 2000 etwa ein Fünftel aller Pflanzen- und Tierarten
ausgestorben sein wird.[3]*

Die Prämisse solcher Visionen ist stets die gleiche: Die Voraussa-
gen sind darauf gegründet, daß die augenblickliche Umweltpolitik
ohne wesentliche Änderungen fortgesetzt wird. Eine Reihe von
Faktoren läßt befürchten, daß sich die Lage sogar noch weiter zu-
spitzt. Die Industrialisierung schreitet voran und mit ihr die Fähigkeit des Menschen zu immer weitreichenderen Eingriffen in natürliche Kreisläufe, die Notwendigkeit zur Verfeuerung fossiler
Brennstoffe, die Ausbeutung von Rohstoffvorräten, die Abkehr
von naturgemäßem Landbau und naturnahen Siedlungsformen. Im
Bestreben, den Bedarf an neuen Ressourcen zu decken, dringt der
Mensch in bislang noch weitgehend unberührte Regionen vor und
tastet die letzten Reservate der Erde an: die Antarktis und den
Meeresboden.

Gleichzeitig aber wachsen auch die Chancen einer Wende zum
Bessern. Unter dem Druck wissenschaftlicher Erkenntnis und angesichts der sinnlichen Erfahrbarkeit verfehlter Umweltpolitik in
Form zahlreicher Umweltkatastrophen, entwickelt sich zunehmendes Umweltbewußtsein. Es äußert sich
- als Reaktion auf bereits eingetretene Schäden,
- als Versuch individueller Gefahrenabwehr, zum Beispiel in der
  Umstellung von Verhaltensweisen (etwa der Eßgewohnheiten)

---

3   a.a.O., S. 881

oder auch bei Protesten gegen industrielle Projekte zur Verhinderung direkter persönlicher Nachteile,
- als Beitrag zur gesellschaftlichen Willensbildung,
- oder auch als radikale Abkehr von sämtlichen Errungenschaften und Erscheinungsformen moderner Zivilisation.

Diese Ansätze zunehmenden Umweltbewußtseins wirken nicht isoliert nebeneinander, sondern überlagern und ergänzen einander oder treten auch gegeneinander in Konkurrenz.

Obwohl immer wieder Forderungen erhoben werden, die internationale Zusammenarbeit im Bereich des Umweltschutzes zu verbessern, obwohl einige Prognosen sogar eine neue Ära der globalen Zusammenarbeit postulieren, weil ohne sie das Überleben der Menschheit fraglich würde, bestehen weltweit nach wie vor einschneidende Unterschiede bei der Herausbildung eines Umweltbewußtseins und der Gestaltung von Umweltpolitik.

Vor allem das Nord-Süd-Gefälle schafft extrem verschiedene Ausgangspositionen. Soweit in den entwickelten Ländern aus einer verfehlten Industrialisierung überhaupt schon die Lehren gezogen wurden, fällt es den Ländern der Dritten Welt zusätzlich schwer, diese Erkenntnisse zu übernehmen. Für die Industrienationen bedeutet eine konsequente Umweltpolitik die Bewahrung des Fortschritts, für den armen Süden wäre sie unter heutigen Bedingungen oft gleichbedeutend mit einem Verzicht auf sehr viele Errungenschaften der Zivilisation.

Auch die Gegensätze zwischen dem westlichen Lager und den sozialistischen Staaten manifestieren sich in unterschiedlichen Ansätzen des Umweltverständnisses. Hier die Überflußgesellschaft mit ihrer Tendenz zur Überproduktion und Überproduktionskrisen. Dort die Mangelverwaltung mit ihrer Tendenz, die Entfaltung der Produktivkräfte zu lähmen. Der Spielraum für umweltdienliche Innovationen im Osten ist gering, die Kluft zwischen Anspruch und Realität erschreckend. Vorbildliche Normen stehen oft nur auf dem Papier. Vergleiche zwischen den beiden Systemen anhand der Öko-Bilanz bleiben meist Spekulation.

Aber auch zwischen den Industrieländern gibt es gravierende Unterschiede. Einige Staaten wie Japan oder die USA nehmen auf bestimmten Gebieten des Umweltschutzes oder der Anwendung neuer, umweltschonender Technologien Vorreiterrollen ein. Das liegt zum Teil daran, daß die industrielle Entwicklung in diesen Ländern schon weiter fortgeschritten ist, daß zum einen techni-

scher Fortschritt neue Strategien der Problemlösung ermöglicht,
andererseits aber auch ein größeres Gefahrenpotential besteht.
Oder daß ganz einfach schon schwerwiegende Umweltschäden beseitigt werden mußten.

Die Besonderheiten in der Bundesrepublik Deutschland auf
dem Gebiet des Umweltschutzes und der Ausprägung eines spe-
ziellen nationalen Umweltbewußtseins liegen eher auf politischem
Gebiet. Wie sonst in keinem Land hat sich der ökologische Ge-
danke in der Bundesrepublik auf das politische System ausgewirkt
und seit Jahrzehnten bestehende Machtkonfigurationen verändert.
Die Protestbewegung der Bürgerinitiativen war Geburtshelferin
für eine neue politische Partei - die Grünen. Während andere, neu
gegründete Parteien nach der Konsolidierungsphase der Demo-
kratie in Westdeutschland kaum den Sprung in die Parlamente
schafften (und ihr Auftauchen in verschiedenen Landtagen eine
Episode blieb), sind die Grünen heute auf allen parlamentarischen
Ebenen vertreten. In einem zuvor relativ starren System mit - fak-
tisch - drei Parteien, sind sie als vierte hinzugekommen und haben
sich zum Teil schon als drittstärkste Kraft etabliert. Auch die sogenannten »Altparteien« CDU/CSU, SPD und FDP wenden sich
verstärkt Umweltthemen zu, aber der Attraktivität der Grünen als
Protestpartei kann das kaum Abbruch tun.

*Die Umweltkrise wirkt weltweit und nahezu identisch in allen*
*Industriegesellschaften. Grüne und Ökologen gibt es überall.*
*Doch nirgendwo sonst existiert eine grüne Partei von ähnlicher*
*politischer Stärke und Gewicht. Die Grünen gibt es daher wohl*
*vor allem, weil es in der Bundesrepublik ein nationales Identi-*
*tätsproblem gibt.*[4]
Diese Einschätzung stammt von Joschka Fischer, dem ehemaligen
hessischen Umweltminister (und dem ersten Grünen im Minister-
rang). Fischer läßt offen, welcher Art dieses nationale Identitäts-
problem ist, stellt aber an anderer Stelle fest:
*Die Grünen sind als der parlamentarische Arm verschiedener*
*Minderheiten und minoritärer Bewegungen und Subkulturen ent-*
*standen und werden von dieser Gegenkultur getragen.*[5]

---

4  Joschka Fischer in: Thomas Kluge (Hrsg.), Grüne Politik, Frankfurt a.M. 1984,
   S. 29
5  a.a.O., S. 32

Tatsächlich haben es die parlamentarischen Kräfte in der Bundesrepublik nur zum Teil vermocht, die Protestbewegung der 60er
Jahre (Studentenbewegung, außerparlamentarische Opposition)
zu integrieren. Ein anderer Teil fand sich in den 70er Jahren in
den Bürgerinitiativen wieder, die vielfach ebenso wie früher die
Studentenbewegung sich als »Fundamentalopposition« *im*, re-
spektive *gegen* das politische System der Bundesrepublik
Deutschland begriff. In der Ökologiebewegung kam es auch zumindest zu einer vorübergehenden Zusammenarbeit der Linken,
die im Widerstand gegen Atomkraftwerke Gedankengut der Anti-
Atom-Kampagne der 50er Jahre und der Ostermarschierer der
frühen 60er Jahre aufgriff, und der sogenannten »wertkonservati-
ven« Kräfte, die sich in der Tradition der eher nationalistisch
orientierten Naturschutzbewegung sahen. Die Grünen spalteten
sich zwar schon während ihres Gründungsprozesses wieder, doch
das rechte Gegengewicht zur linken Hauptströmung erzwang eine
Öffnung der neuen Partei, die ihr vermutlich das Schicksal vieler
früherer Parteigründungen ersparte, die im sektiererischen Ab-
seits geendet hatten.

Wessen »nationale Identitätskrise« also meint Joschka Fischer?
War es nicht das Fehlen einer parlamentarischen oder auf andere
Weise etablierten Radikalopposition in der Bundesrepublik
Deutschland, das die politische Entwicklung von den Bürgerinitiativen bis zur Festigung der grünen Partei begünstigte? Denn späte-
stens seit dem KPD-Verbot 1956 hatten »Minderheiten und mino-
ritäre Bewegungen und Subkulturen«, hatte die Rebellion in
Westdeutschland eben keinen »parlamentarischen Arm« mehr ge-
habt.

Die Bundesrepublik Deutschland ist eines der dichtest besiedelten und gleichzeitig am stärksten industrialisierten und auf ex-
territoriale Rohstoffe angewiesenen Länder Europas. Aber die
nationale Besonderheit bei der Entwicklung eines Umweltbewußtseins (und dessen politische Ausprägung) ist ein Überbauphäno-
men - ist weit stärker durch die politische Kultur geprägt als durch
spezielle Umweltbedingungen.

Kein Wunder, daß dies zu recht widersprüchlichen Erscheinungen im gesellschaftlichen Alltag führt. Während gerade in der
Bundesrepublik die Diskussion um das Waldsterben 1985 einen
vorläufigen Höhepunkt erreichte, schnellte gleichzeitig die Zahl
der Neuzulassungen von Personenwagen auf eine Rekordmarke.

1986 nahmen die Verkaufszahlen von Neuwagen noch einmal zu, wobei schnelle Autos mit besonders starken Motoren überproportional vertreten waren. Und der sehr vernünftigen deutschen Forderung nach konsequenter Einführung des Katalysators in der Europäischen Gemeinschaft steht die ebenso konsequente deutsche Weigerung entgegen, ein generelles Tempolimit auf Fernstraßen zu dekretieren.

Solche Widersprüche betreffen auch andere Bereiche der Politik. Strenge Auflagen bei der Entsorgung problematischen Mülls - andererseits Müllexporte ins benachbarte Ausland. Auch die Atombrennstoffe für deutsche Reaktoren werden außerhalb der Bundesrepublik aufgearbeitet. Und während die Sicherheitsstandards französischer Kernkraftwerke zum Beispiel in Cattenom hochoffiziell angezweifelt werden, beziehen Energieversorgungsunternehmen in der Bundesrepublik Nuklearstrom aus Frankreich.

Wohl jedes Land hat nationale Besonderheiten auch in der Umweltpolitik entwickelt. Die unterschiedliche Ausformung kann sehr verschiedene Ursachen haben. Aber so stark solche nationalen Besonderheiten auch ausgeprägt sein mögen, so sehr zwingen die großen Zukunftsaufgaben des Umweltschutzes, die anders nicht zu bewältigen sein werden, zu internationaler Zusammenarbeit. Die Kenntnis länderspezifischer Probleme kann viel dazu beitragen, daß die gewaltigen Aufgaben im friedlichen Dialog, gemeinsam angepackt werden, selbst wenn sie - was zu befürchten ist - noch existentiellere Dimensionen annehmen.

# 2. Natur, Umwelt, Ökologie, Ökosystem - Begriffe und allgemeine gesetzliche Grundlagen

Das Wort »Umwelt« ist in den letzten Jahren, zusammen mit dem Begriff »Ökologie«, Teil des allgemeinen Sprachgebrauchs geworden.

Inzwischen wird sowohl von sozialer als auch natürlicher Umwelt gesprochen, aber ursprünglich war mit dem Wort »Umwelt« nur die natürliche Umwelt gemeint: Luft, Wasser, Boden, Tier- und Pflanzenwelt - und so wird es auch im Rahmen des Umweltschutzes verstanden.

»Ökologie« ist ein wissenschaftlicher Begriff, der von natürlichen Lebensgemeinschaften und ihren gegenseitigen Abhängigkeiten handelt, eben von der Tatsache, daß jedes Lebewesen nicht für sich alleine, sondern nur als Teil einer Gemeinschaft existiert, und daß man diese Gemeinschaft insgesamt beeinflußt, wenn man Teile verändert. Der Zoologe und Philosoph Ernst Haeckel hat das Wort Ökologie zuerst definiert:

*... Jeder Organismus hat unter den anderen Freunde und Feinde, solche die seine Existenz bedrohen und solche die sie begünstigen. Die ersteren können ihm Nahrung entziehen, z.B. Parasiten, die letzteren dagegen ihm Nahrung liefern, z.B. Nährpflanzen. Offenbar muß also die Zahl und Qualität aller organischen Individuen, welche an einem und demselben Ort beisammen leben, sich gegenseitig bedingen, und offenbar muß jede Abänderung einer einzelnen Art in Zahl und Qualität auf die übrigen, mit ihr in Wechselwirkung stehenden zurückwirken. Daß diese gegenseitigen Wechselbeziehungen aller benachbarten Organismen äußerst wichtige sind, und daß sie auf die Abänderung und Anpassung der Arten weit mehr Einfluß haben, als die anorganischen Existenzbedingungen, ist zuerst von Darwin mit aller Schärfe hervorgehoben worden. Leider sind uns nur diese äußerst verwickelten Wechselbeziehungen der Organismen meist gänzlich unbekannt, da man bisher fast gar nicht auf dieselben geachtet hat, und so ist denn in der Tat hier ein ungeheures und*

*ebenso interessantes als wichtiges Gebiet für künftige Untersu-*
*chungen geöffnet. Die Ökologie oder die Lehre vom Naturhaus-*
*halt, ein Teil der Physiologie, welcher bisher in den Lehrbüchern*
*noch gar nicht als solcher aufgeführt wird, verspricht in dieser*
*Beziehung die glänzendsten und überraschendsten Früchte zu*
*bringen.*[1]

Das Adjektiv »ökologisch« ist in den letzten Jahren in Verbindung
mit einer Vielzahl von Substantiven verwendet worden: zum Beispiel ökologische Politik, ökologische Wirtschaft, ökologische
Landwirtschaft, ökologischer Städtebau; gemeint ist jeweils eine
neue Form der Politik, der Wirtschaft, der Landwirtschaft oder
des Städtebaus, in denen der Versuch gemacht werden soll, ökologische Prinzipien auf menschliches Handeln und menschliche
Gemeinschaften anzuwenden. Bis in die letzte Konsequenz gedacht, führt eine derart angekündigte ökologische Wende zur radikalen Abkehr überlieferter Formen der Politik, der Wirtschaft,
der Landwirtschaft oder des Städtebaus.

Begonnen hat die ökologische Bewegung allerdings mit dem
Umweltschutz. Die siebziger Jahre dieses Jahrhunderts sind zuweilen als die Dekade des Umweltschutzes bezeichnet worden. In
der Tat ist in den letzten Jahren der Schutz der Umwelt eine zentrale Frage der Politik geworden. Eine Vielzahl von Gesetzen und
anderen Maßnahmen zum Schutz der Umwelt sind in dieser Zeit
ergriffen worden.

Auch Umweltschutz ist jedoch nicht nur eine Frage politisch-
administrativer Maßnahmen: Grundhaltungen vieler Menschen
werden in Frage gestellt. Aufgabe der Umweltpolitik ist es deshalb
auch, das Bewußtsein der Bürger zu ändern, zumindest einen
Schritt hin auf eine mehr ökologische Gesellschaft zu tun. Dafür
bedarf es mehr als nur technischer Vorkehrungen zum Schutz der
Natur vor den negativen Folgen der Technik, es erfordert einen
Eingriff in das gesellschaftliche Gefüge selber. Es ist kaum ver-
wunderlich, daß der Umweltschutz umstritten ist, denn es geht um
viel mehr als nur um zusätzliche Auflagen für die Industrie.

Das Empfinden für die Natur und ihre Belange ist sehr viel älter
als die siebziger Jahre unseres Jahrhunderts. Was die vergangenen
zehn Jahre von der voraufgegangenen Zeit unterscheidet, ist die

---

1   Haeckel 1866, nach Engelbert Schramm (Hrsg.), Ökologie-Lesebuch, Frankfurt a.M. 1984, S. 149f

akute Zunahme der Umweltprobleme und das dramatisch ge-
wachsene Bewußtsein der Öffentlichkeit für die Belange der Umwelt. Dieses sind die beiden wichtigsten Gründe, weshalb es trotz
zahlreicher Widerstände zu einer systematischen Politik zum
Schutz der Umwelt gekommen ist.

Dieser Prozeß ist noch nicht abgeschlossen: wir stehen vermutlich erst an den Anfängen der Umweltpolitik. Um die bisherige
und die weitere Entwicklung verstehen zu können, ist es erforderlich, die beiden Pfeiler der Umweltpolitik zu verstehen: die unab-
weisbare Notwendigkeit zum Handeln und den massiven öffentlichen Druck.

In der Tat sind die Umweltprobleme drängender geworden.
Zunächst wurden die leicht wahrnehmbaren Probleme bemerkt:
verschmutzte Gewässer, dreckige Luft, sterbende Vögel, verwü-
stete Landschaften.

*Die Geschichte des Lebens auf der Erde ist stets eine Geschichte*
*der Wechselwirkung zwischen den Geschöpfen und ihrer Umge-*
*bung gewesen. Gestalt und Lebensweise der Pflanzen wie der*
*Tiere der Erde wurden von der Umwelt geprägt. Berücksichtigt*
*man das Gesamtalter der Erde, so war die entgegengesetzte Wir-*
*kung, kraft derer lebende Organismen ihre Umwelt tatsächlich*
*umformten von verhältnismäßig geringer Bedeutung. Nur inner-*
*halb des kurzen Augenblicks, den das jetzige Jahrhundert dar-*
*stellt, hat eine Spezies - der Mensch - erhebliche Macht erlangt,*
*die Natur ihrer Welt zu verändern.*

*Während des vergangenen Vierteljahrhunderts ist diese Macht*
*nicht nur gewachsen und hat ein beängstigend großes Ausmaß*
*erreicht, sie hat auch andere Formen angenommen. Der un-*
*heimlichste aller Angriffe des Menschen auf die Umwelt ist die*
*Verunreinigung von Luft, Erde, Flüssen und Meer mit gefährli-*
*chen, ja sogar tödlichen Stoffen. Dieser Schaden läßt sich*
*größtenteils nicht wiedergutmachen. Nicht nur in der Welt, die*
*alle Lebewesen ernähren muß, sondern auch im lebenden Ge-*
*webe löst die Verunreinigung eine Kette schlimmer Reaktionen*
*aus, die nicht mehr umkehrbar sind. In dieser alles umfassenden*
*Verunreinigung der Umwelt sind Chemikalien die unheimlich-*
*sten und kaum erkannten Helfershelfer der Strahlung; auch sie*

*tragen unmittelbar dazu bei, die ursprüngliche Natur der Welt -
die ursprüngliche Natur ihrer Geschöpfe zu verändern.*[2]
Jedermann spürt am eigenen Leib, wenn die Flüsse so verschmutzt
sind, daß aus ihnen kein Trinkwasser mehr gewonnen werden
kann oder wenn in den Seen nicht mehr geschwommen werden
darf. Die Luftverschmutzung manifestiert sich sinnfällig an der
Wäscheleine und auf den Fensterscheiben, aber zuweilen auch
durch Herz- und Atembeschwerden. Ein Schlüsselerlebnis war
zweifellos der Londoner Smog, an dessen Folgen 1952 innerhalb
von zwei Wochen mehrere Tausend Menschen gestorben sind.

Die ersten Maßnahmen des Umweltschutzes richteten sich gegen derart sinnfällige Probleme. Mit der Zeit wurde jedoch deutlich, daß der Umweltschutz viel komplexer war als man zunächst
dachte; kaum waren die ersten Maßnahmen ergriffen worden,
zeigte sich, daß sie nur eine neue Schicht der Problematik hatten
sichtbar werden lassen. Inzwischen sind viele der Meinung, daß
nur eine grundlegende Änderung unserer Beziehungen zur Natur
dauerhafte Lösungen bringen wird. Die sterbenden Arten werden
zu einem Symbol für die Gefährdung allen Lebens auf dem Planeten durch die Folgen menschlichen Handelns; die Kernenergie
wird zu einem Symbol für die ausufernde Technologie; der chemische Stoff Dioxin wird zu einem Symbol für die zunehmende
Chemisierung unserer Umwelt und der damit verbundenen Gefahren; der sterbende Wald wird zu einem Symbol für die oft unsicht-
bare Gefährdung der Luft. Die Umweltproblematik wird geradezu
zu einem Symbol für die Einheit des Planeten und die Abhängigkeiten menschlicher Existenz.

Auch der Umweltschutz erzeugt Symbole. Das hängt vermutlich
damit zusammen, daß die Umwelt stets nur indirekt dargestellt
werden kann. Jedes Ökosystem, also jeder lebendige Naturhaus-
halt, ist wesentlich komplexer als seine Darstellung, sei es mit
Worten, in mathematischen oder chemischen Formeln, durch Bil-
der oder Sinnbilder. Symbole können deshalb oft ein deutlicheres
Bild eines Ökosystems zeichnen als die üblichen Darstellungsfor-
men der Naturwissenschaft oder der Politik.

In den letzten Jahren ist das Wort »Ökosystem« aus der rein
wissenschaftlichen Bedeutung in die Gesellschaft übertragen worden: während ein Industrieverband das Wort noch eng definiert

---

2  Carson 1971, nach Schramm, a.a.O., S. 270

*Ökosystem: Begriff der Ökologie, umfaßt Biotop und zugehörige Lebensgemeinschaft*[3]
erblicken akademische Autoren bereits in dem Wort Ökosystem den Ansatz einer Auflösung überkommener gesellschaftlicher Strukturen.

*Ökosystem: Grundbegriff, der Biozönose und Biotop zu einer Einheit zusammenfaßt. Ö.-e können unterschiedliche Ausdehnungen haben, stellen aber immer natürliche Einheiten aus lebenden und nicht lebenden Teilen dar. Die Umweltverschmutzung zeigt unmißverständlich an, daß sich das Ö. in einer Krise befindet. Das Erscheinungsbild der »Krankheit« hat seine Ursachen im sozioökonomischen Prozeß der hochindustrialisierten Gesellschaft. Die Destruktion der Biosphäre kann nur verhindert werden, wenn die Ziele geändert werden. Dazu ist aber eine Umorientierung des öffentlichen Bewußtseins und des Konsumverhaltens notwendig. Der Mensch wird heute als Parasit der ihn umgebenden Natur bezeichnet. Das kollektive Verhalten der Gesellschaft muß so gestaltet werden, daß die natürlichen Lebensbedingungen erhalten bleiben. Bei der Planung industrieller Produkte müssen auch die ökologischen Auswirkungen mit eingeschlossen werden. Irreversible Prozesse wurden durch den Eingriff der Menschen in die Natur eingeleitet (ökologische Schäden). Unter dem Einfluß zivilisatorischer Annehmlichkeiten fällt es schwer, die umweltschädigenden Folgen der Konsumgewohnheiten zu erkennen. Es besteht die Gefahr, daß die Industriegesellschaft ein künstliches Ö. schafft, wenn industrielle Planung sich auf die Frage beschränkt, wie Produktzahlen quantitativ in Massenanfertigung zu messen sind. Daraus folgt, daß wir nahezu alles produzieren, was man produzieren kann. Rohstoffreserven und Energiequellen werden planlos genutzt, ohne die Struktur des Ö.'s zu kennen. Das führt zur ökologischen Krise.*[4]

Die Unmöglichkeit, unsere Umwelt vollständig darzustellen ist lediglich eine besondere Form eines allgemeinen Problems im Umweltschutz: wir können unsere Umwelt zwar verändern, wir können sie jedoch nicht kontrollieren. Der Unterschied ist für die

---

3  Verband der Chemischen Industrie (VCI) (Hrsg.), Umwelt und Chemie von A-Z, Freiburg/Breisgau 2/1978

4  Otto Ahlhaus, Gerhard Boldt, Klaus Klein, Taschenlexikon Umweltschutz, Düsseldorf 6/1982, S. 161

Umweltpolitik von entscheidender Bedeutung. Unsere Fähigkeit, die Umwelt zu verändern, macht Umweltschutz nötig, denn wir verändern nicht nur zum Guten sondern ebenso auch zum Schlechten. Unsere Unfähigkeit, die Umwelt zu kontrollieren, bedeutet jedoch, daß wir die veränderte Umwelt nur mit großer Mühe aus eigener Kraft auch retten können. Störungen der Umwelt werden Teil des Ökosystems: nicht nur die unmittelbaren Faktoren werden berührt, sondern in einer langen Kette von Ursache und Wirkung können scheinbar weit entfernte Faktoren beeinflußt werden. Man hat das Pestizid DDT im Fettgewebe von Pinguinen gefunden, tausende von Kilometern von der nächsten Verwendung dieses Stoffes entfernt. Wie das DDT ist auch der Stoff Dioxin inzwischen weltweit verbreitet, obwohl er nur als Verunreinigung bei der Herstellung anderer chemischer Produkte auftritt, also niemals zielstrebig erzeugt wurde. Es gibt Hinweise darauf, daß Emissionen aus Nordamerika in Schottland zu einer Veränderung des Niederschlags führen. Angesichts derartiger Verkettungen kann man sich lediglich darum bemühen, den Druck auf die Umwelt zu verringern, damit sie aus eigener Kraft zu einem besseren Gleichgewicht findet.

In aller Regel befassen wir uns nur mit einer begrenzten Umwelt: unser Wohnraum, die Arbeitsumgebung, ein Garten oder ein Feld. In diesem begrenzten Raum kann durchaus der Eindruck entstehen, man kontrolliere die Umwelt. Mit zunehmender Bevölkerungsdichte und mit zunehmender Nutzung der Umweltgüter sind jedoch die Gesamtheit der Einflüsse stärker als die jeweils individuellen: auch wer keine Pflanzenschutzmittel in seinem Garten verwendet, wird sie dort wiederfinden; auch wer selbst darauf achtet umweltbewußt zu handeln kann nicht verhindern, daß andere, deren man bedarf, es nicht tun. Wer eine Lampe anschaltet, kann nicht unterscheiden, ob der Strom aus Wasserkraft, Gas, Öl, Kohle, Kernenergie oder Abfällen hergestellt wurde. Deshalb führt der Ruf nach einem wirksamen Schutz der Umwelt fast unweigerlich zur Forderung nach einer grundlegend anderen Politik. Es bleibt die Frage, ob die ökologische Herausforderung den Ansatz zu einer ganz neuen Konzeption der Politik und der Gesellschaft bildet. Speziell in der Bundesrepublik Deutschland ist eine neue politische Bewegung - die Grünen - entstanden, die ökologische Fragestellungen zum Ausgangspunkt ihres politischen Handelns machen will.

Im gesellschaftlichen Rahmen sind Umweltschutzmaßnahmen schwerer zu verwirklichen als im individuellen Bereich. Es entstehen schwer zu lösende Zielkonflikte, etwa zwischen den Erfordernissen des Umweltschutzes und den Rechten des Einzelnen auf Nutzung seines Eigentums oder zwischen den Erfordernissen des Umweltschutzes und der Nutzung wichtiger natürlicher Ressourcen wie Luft oder Wasser für Zwecke der Wirtschaft. In der Bundesrepublik Deutschland sind diese Konflikte bereits teilweise auf der Ebene des Grundgesetzes und der Länderverfassungen angesprochen.

*Das Eigentum und das Erbrecht sind gewährleistet. Inhalt und Schranken werden durch die Gesetze bestimmt.*

*Eigentum verpflichtet. Sein Gebrauch soll zugleich dem Wohle der Allgemeinheit dienen.*[5]

Diese Bestimmungen haben in den letzten Jahren zu einer lebhaften Diskussion um die Frage geführt, ob sie, in Verbindung mit der verfassungsmäßigen Garantie der Unverletzlichkeit der menschlichen Person, eine hinlängliche Grundlage für notwendige politische Maßnahmen zum Schutz der Umwelt bilden. Auf Bundesebene ist geplant, eine Verfassungsänderung herbeizuführen. Der Umweltschutz soll zwar nicht als unumstößliches Grundrecht, aber als Staatsziel in das Grundgesetz aufgenommen werden; im Bundesland Bayern hat der Umweltschutz bereits Verfassungsrang:

*Der Schutz der natürlichen Lebensgrundlagen ist auch eingedenk der Verantwortung für die kommenden Generationen, der besonderen Fürsorge jedes einzelnen und der staatlichen Gemeinschaft anvertraut. Mit Naturgütern ist schonend und sparsam umzugehen. Es gehört auch zu den vorrangigen Aufgaben von Staat, Gemeinden und Körperschaften öffentlichen Rechts,*

*Boden, Wasser und Luft als natürliche Lebensgrundlage zu schützen, eingetretene Schäden möglichst zu beheben oder auszugleichen und auf möglichst sparsamen Umgang mit Energie zu achten,*

*die Leistungsfähigkeit des Naturhaushaltes zu erhalten und dauerhaft zu verbessern,*

---

5 Grundgesetz der Bundesrepublik Deutschland, Art. 14

> *den Wald wegen seiner besonderen Bedeutung für den Natur-*
> *haushalt zu schützen und eingetretene Schäden möglichst zu be-*
> *heben oder auszugleichen,*
> *die heimischen Tier- und Pflanzenarten und ihre notwendigen*
> *Lebensräume sowie kennzeichnende Orts- und Landschaftsbil-*
> *der zu schonen und zu erhalten.*[6]

Die menschliche Gesellschaft ist Teil der Natur. Deshalb sind politische Maßnahmen stets nur bedingt geeignet, die Umwelt zu
schützen. Umweltpolitik bedeutet nicht allein das Ergreifen von
Maßnahmen zum Schutz der Umwelt, sondern die Einführung von
Verhaltensregeln, von denen man erhofft, daß sie dem Schutz der
Umwelt dienen werden. So ist Umweltschutz durch Unsicherhei-
ten gekennzeichnet. Wir wissen nicht genau, was in der Umwelt
eigentlich geschieht, und wir wissen nicht genau, was die Folge
einmal ergriffener Maßnahmen in der Umwelt selber sein werden.
Auch deshalb ist der Umweltschutz umstritten. Stets ist die Frage
noch erlaubt, ob die Lage denn wirklich so ernst sei, und ob vorge-
schlagene Maßnahmen tatsächlich Abhilfe schaffen werden. Auf
diese Fragen gibt es niemals eindeutige Antworten, beziehungsweise die Antworten sind erst eindeutig, wenn es für Abhilfe zu
spät ist. Auch deshalb ist die Geschichte des Umweltschutzes
durch eine Serie von katastrophalen Ereignissen gekennzeichnet,
die jeweils anzeigten, daß die Bedrohung der Natur nicht ernst genug genommen wurde.

Trotz Ungewißheit und trotz Zielkonflikten ist der Umweltschutz letztlich aufgrund des anhaltenden öffentlichen Druckes zu
einer zentralen Frage der Politik geworden. In den siebziger Jahren entstand in der Bundesrepublik - wie in anderen westlichen
Ländern - eine spontan sich bildende »Umweltbewegung«, gekennzeichnet durch eine Vielzahl von aktiv in das politische Geschehen eingreifenden Gruppen von Bürgern - in der Bundesrepublik als Bürgerinitiativen bekannt. Aus der Bewegung heraus
entstand nicht nur die Partei der Grünen, auch die anderen Parteien haben den Umweltproblemen verstärkt ihre Aufmerksamkeit
gewidmet. Alle Parteien haben eigene Umweltprogramme oder
zumindest Richtlinien für eine Umweltpolitik entwickelt.

Langsam ändert sich auch die Haltung einer Mehrzahl der
Menschen gegenüber der Umwelt. Wie weit diese Entwicklung zu

---

6  Verfassung des Freistaates Bayern, Art. 141

gehen hat, und ob es gilt, die Grundlagen der Industriegesellschaft selber in Frage zu stellen, bleibt umstritten. Die bisher ergriffenen Maßnahmen bleiben strikt im Rahmen der Traditionen der industriellen Entwicklung seit der Mitte des 18. Jahrhunderts.

In mancher Hinsicht ist die Auseinandersetzung um den Umweltschutz die Fortsetzung einer Auseinandersetzung, die seit Beginn des industriellen Zeitalters andauert. Die Umweltverschmutzung großen Stils entstand mit der industriellen Revolution des 19. Jahrhunderts. Bereits vor mehr als hundert Jahren wurden auch die ersten Maßnahmen ergriffen, die später zum Umweltschutz führten. Aber die kulturellen Traditionen, die wesentlich zur Sensibilität für Fragen des Umweltschutzes beigetragen haben, reichen noch viel weiter zurück.

Die enge Verbindung des Menschen mit der Natur ist fester Bestandteil aller kulturellen Traditionen. Sie drückt sich in verschiedenen Sprachräumen unterschiedlich aus, und diese Unterschiede werden wiederum Bestandteil der politischen Lösungsansätze. Das läßt sich anhand des Waldsterbens veranschaulichen: seit Anfang der achtziger Jahre wurden in den Wäldern Mitteleuropas, also auch in den Wäldern der Bundesrepublik Deutschland, Waldschäden entdeckt, die bislang zu einem zunehmenden Absterben von Bäumen geführt haben. Die öffentliche Reaktion auf dieses Phänomen war jedoch in der Bundesrepublik Deutschland ungleich viel stärker als in andern betroffenen Ländern. Als Erklärung wurde häufig auf eine besondere Verbundenheit der Deutschen mit dem Wald verwiesen. Das läßt sich nicht so eindeutig nachweisen; aber man kann in der deutschen Sprache vom »deutschen Wald« sprechen, als wären Bäume in einem deutschsprachigen Land anders als Bäume anderswo. In keiner anderen europäischen Sprache gibt es etwas Vergleichbares. Das wirft die Frage auf, ob »Deutsche« ein anderes Verhältnis zur Natur haben als andere Völker.

# 3. Kulturgeschichtlicher Exkurs

*Beispiele der Behandlung von Land und Natur in der deutschsprachigen Literatur*

Die Natur ist seit dem 18. Jahrhundert fester Bestandteil der Literatur aller europäischen Länder. Hierin unterscheidet sich die deutschsprachige Literatur nicht erkennbar von derjenigen anderer Sprachen. Die Entwicklung des Naturtopos in der Literatur ist ein komplexes Phänomen, welches eigener Darstellung bedürfte: an dieser Stelle ist es lediglich möglich, einige Beispiele aus der deutschsprachigen Literatur anzuführen.

Seit der Reformation hat die Verwendung der Natur in der Dichtung kontinuierlich zugenommen und bereits im 17. Jahrhundert bildet sie einen weiten Bereich in der Literatur. Die Elemente, heute würde man sagen Umweltmedien, nehmen ein eigenes Leben an: Die Wasserwelt (Brunnen) spielt oft eine wichtige vermittelnde Rolle zwischen der wirklichen Welt und der Märchenwelt. Geradezu kennzeichnend für die deutschsprachigen Märchen ist jedoch die Behandlung des Waldes: zahlreiche Märchen aus der Sammlung der Brüder Grimm können als Waldmärchen bezeichnet werden, das heißt, in ihnen greift der Wald als Ganzes in bestimmender Weise in die Handlung ein.

Bereits im 18. Jahrhundert bildet die Natur ein zentrales literarisches Thema:

*Als mütterlicher Äther umspinnt und durchdringt sie alles; ihr gegenüber gibt es kein Draußen. Das Landschaftliche wird zum Lebensraum der Figuren, der ihnen ihrem Wesen nach zugehört, in dem sie weben und wurzeln. Damit bekommt die Natur künstlerischen Symbolwert, wohingegen sie im Barock nur sinnbildliche Bedeutung erhielt, vorher jedoch bloß faktischen Bestand besaß.*[1]

---

1 Willi Flemming, Der Wandel des deutschen Naturgefühls vom 15. zum 18. Jahrhundert (Deutsche Vierteljahrsschrift für Literaturwissenschaft und Geistesgeschichte, Band 18) Halle/Saale 1931, S. 135

Die Entwicklung in der Literatur wurde auch in der Malerei ge-spiegelt: im 16. Jahrhundert ist die Natur zum erstenmal realisti-scher Bestandteil der Kunst, aber immer noch als Staffage, als Hintergrund für den eigentlichen Inhalt; im 17. Jahrhundert ist sie bereits eigenständiger Bestandteil, im 18. Jahrhundert voll inte-griertes Gestaltungselement.

In der Klassik existiert dementsprechend bereits ein ganzer Ka-non von Naturmotiven, der sich fast durchgehend in Literatur und Malerei wiederfindet.

Der besondere Stellenwert der Natur in der deutschsprachigen Literatur wird jedoch in der Romantik begründet - einer literari-schen Bewegung, die im deutschsprachigen Raum besonders aus-geprägt war. Fast jeder Dichter, der in der ersten Hälfte des 19. Jahrhunderts auf deutsch schrieb, hat das Thema »Natur« aufge-griffen. In gewisser Hinsicht kann das Naturgefühl geradezu als ei-nes der zentralen Themen der Romantik bezeichnet werden.

Die Dichter rühmen die Hingebung an die Natur:

*Du warest mir ein täglich Wanderziel,*
*viellieber Wald, in dumpfen Jugendtagen,*
*ich hatte dir geträumten Glücks so viel*
*anzuvertraun, so wahren Schmerz zu klagen.*

*Und wieder such ich dich, du dunkler Hort,*
*und deines Wipfelmeers gewaltig Rauschen -*
*jetzt rede Du! Ich lasse dir das Wort!*
*Verstummt ist Klag' und Jubel. Ich will lauschen*

Conrad Ferdinand Meyer (1825-1898)

Während die Naturlyrik des 19. Jahrhunderts, und insbesondere der Romantik, einen zuweilen vergessenen Faktor der Sensibilisie-rung für die Natur und den Umweltschutz darstellen, ist es letzt-lich noch wichtiger, die Wandlungen des damit zum Ausdruck kommenden Naturgefühls im 20. Jahrhundert als Voraussetzung für Umweltschutz und Ökologiebewegung zu verstehen.

## Technologie und Technologiefeindlichkeit

Fast gleichzeitig mit der zunehmenden Sensibilisierung für die
Natur und ihre Belange entwickelte sich die wissenschaftliche Beschäftigung mit ihr. Eng verbunden mit der Entwicklung der Naturwissenschaft ist die Entwicklung der Technologie zu beobachten, welche den Menschen die umfassende Beherrschung der Natur ermöglicht hat. Den großen Aufschwung nahm die Technologie erst im 19. und 20. Jahrhundert nach der französischen Revolution.

Bereits sehr früh erwuchs aus dieser Entwicklung ein Konflikt
zwischen Gut und Böse. Die Technologie gestattet eine erstaunliche Steigerung der Kräfte der Natur und ihre Nutzbarmachung für
menschliche Zwecke; sie ist Grundlage eines bislang einmaligen
»Fortschritts« in den letzten Jahrhunderten. Zugleich stellt die
Technologie einen ernsthaften Eingriff in die Natur dar und wird
zu einer Gefährdung für Mensch und Natur: erst die Technologie
hat dem Menschen ermöglicht, die Natur so zu beherrschen, daß
er sie auch ernsthaft gefährden kann. Der Grundkonflikt der Umweltpolitik - die positiven Seiten der technologischen Entwicklung
zu erhalten und gleichzeitig die negativen Folgen zu begrenzen -
besteht seit Beginn der technologischen Entwicklung, und wurde
auch als solcher erkannt.

*Der größte Feind des Naturschmuckes, am herrlichsten in Wald*
*und Wiese, ist die Kultur mit Gewerben und Industrie - ein*
*Feind, über dessen Eingriffe sich zwar Neugriechenland nicht*
*leicht beklagen wird, wohl aber das alte Land, das fast über 2000*
*Jahre lang sich schon in allen Phasen eines zahlreich bewohnten*
*Erdstrichs sah.*

*Die einmal zerstörte Waldvegetation eines größeren Landes, die*
*in ihrer Gesamtheit ebenso nur im geschlossenen Stande gedeiht,*
*wie einzelne Wälder, namentlich wenn es von ebenso verletzten*
*Ländern umgeben ist, läßt sich nicht wieder herstellen, ökono-*
*misch nicht und das ist das Wesen der Frage. Mit der Zerstörung*
*der massenhaften natürlichen Vegetation wird das Klima, vor-*
*züglich in .Bezug auf die atmosphärische Feuchtigkeit so verän-*

*dert, daß der geographische Bezirk der Florkonstituenten völlig aus seinen Grenzen verrückt wird.*[2]

*Die Geschichte des Feldbaus in Nordamerika hat uns mit unzähligen unwidersprechlichen Tatsachen bekannt gemacht, welche dartun, wie verhältnismäßig kurz die Periode ist, in welcher man den Feldern ohne Unterbrechung und Düngung Ernten von Kornfrüchten oder Handelsgewächsen abgewinnen kann. Nach wenigen Menschenaltern schon ist der in Jahrtausenden angehäufte Überschuß von Pflanzennährstoffen im Boden erschöpft, und er liefert ohne Düngung keine lohnenden Ernten mehr.*

*...*

*Das Entstehen und der Untergang der Nationen beherrscht ein und dasselbe Naturgesetz. Die Beraubung der Länder an den Bedingungen ihrer Fruchtbarkeit bedingt ihren Untergang, die Erhaltung derselben ihre Fortdauer, ihren Reichtum und ihre Macht.*[3]

Obwohl diese Betrachtungen bei ihrem Erscheinen große Aufmerksamkeit erfuhren, sind ihre Ideen nicht in den Kanon der Wissenschaft eingedrungen. Kennzeichnend war für die zweite Hälfte des 19. Jahrhunderts im damaligen Deutschen Reich überhaupt eine tiefgründige Spannung zwischen Fortschrittsglaube und Angst vor dem Absturz in soziales und wirtschaftliches Chaos. Viele Jahre blieb der Glaube an den Fortschritt bestimmend.

Die Konflikte um Technologie und Industrialisierung äußerten sich zuerst im sozialen Bereich: die industrielle Revolution war in allen westeuropäischen Ländern durch eine Periode ernsthafter sozialer Spannungen und teilweise gesellschaftlicher Umwälzungen begleitet. Bis Mitte des 19. Jahrhunderts war ihr Motor die Bewegung gegen die völlige Verelendung des städtischen Proletariats (Stichwort: Pauperismus), dann der Kampf um soziale Sicherheit (Soziale Frage). Die dritte Phase der Auseinandersetzung um soziale Gerechtigkeit ist geprägt von der Forderung nach einer neuen gesamtgesellschaftlichen Ordnung.

---

2   C. Fraas, Klima und Pflanzenwelt in der Zeit. Ein Beitrag zur Geschichte beider. Landshut 1847, S. 68

3   Justus von Liebig, Die Chemie in ihrer Anwendung auf Agricultur und Physiologie. 1. Teil, Braunschweig 1862

Die Umweltbewegung ist Teil der dritten Phase, gekennzeichnet
durch eine Wendung von rein innergesellschaftlichen Fragen hin
zu den weiteren Zusammenhängen von Mensch und Natur.
Die Kritik an der Technologie und ihren Folgen ist stets dem
Vorwurf des Irrationalen, ja Anti-Rationalen ausgesetzt gewesen.
Insofern es in diesem Konflikt um gesellschaftliche Ziele, um
Werte und ihre Erhaltung geht, kommt der Frage nach der *Rationalität* von Entscheidungen und Weichenstellungen eine besondere
Bedeutung zu. Allzu lange hatten allein die Kraft des Faktischen,
der Reiz des Machbaren und die Vorteile wirtschaftlichen Erfolgs
den Inhalt der Kategorie Rationalität bestimmt.

Je mehr aber der (kurzfristige) Nutzen eines Eingriffs in das
Ökosystem an seinen (langfristigen) Folgen gemessen wird, desto
deutlicher löst sich der Popanz des Rationalitätsbegriffs in seine
von Partikularinteressen geprägten Grundbestandteile auf. Freilich
ist die Diskussion immer noch nicht frei von idealisierenden Begriffen. Heutzutage werden beispielsweise Industrieansiedlungen
stereotyp mit dem Argument gerechtfertigt, sie dienten der
Schaffung oder dem Erhalt von *Arbeitsplätzen*. Für die Firmen
selbst geben dabei aber meist ganz andere, betriebswirtschaftliche
Gründe den Ausschlag für eine Investitionsentscheidung. Im Ge-
genzug schrecken auch Umweltschützer bisweilen nicht vor dem
Gebrauch hohler Worthülsen zurück, etwa wenn es gilt, eine Ge-
röllhalde als *Biotop* hochzuloben.

Aber diese Entwicklung ist neu. In den Jahrzehnten euphori-
scher Technisierung und Chemisierung wurden Warnungen vor
deren Folgen von den Apologeten des industriellen Fortschritts
kurzerhand als schwärmerisch und irrational abgetan. Solche
Warnungen fanden sich vor allem in der Literatur. Kunst und Literatur wirkten als kulturelles Korrektiv.

## Die Jugendbewegung

Das deutsche Reich des späten 19. Jahrhunderts war ein politi-
sches Gebilde mit schwerwiegenden Widersprüchen, ausgehend
von einer ungleichmäßigen Industrialisierung und der nur scheinbar erfolgreichen politischen Einigung.

Ein Ausdruck dieser Spannungen und Widersprüche war eine
beispiellose Bewegung der Jugend. In anderen Ländern hat es zu

dieser Zeit auch Unruhe unter der Jugend gegeben, aber in keinem Land hat diese Unruhe einen vergleichbar andauernden und weitreichenden gesellschaftlichen wie politischen Ausdruck gefunden oder so umfassend ganze Generationen später führender Persönlichkeiten erfaßt.

Das Wort »Jugendbewegung« bezeichnet eine Reihe in wechselseitigen Beziehungen stehender Bewegungen, die von 1901 bis in die frühe Zeit des Nationalsozialismus hinein bedeutenden Einfluß ausübten. Eine Abgrenzung dieser Gruppen und Bewegungen ist nicht erforderlich; sie waren zahlreich und durch wiederholte Konflikte, Spaltungen und Zusammenschlüsse gekennzeichnet.

Den ersten großen Aufschwung erfuhr die Jugendbewegung durch den Wandervogel, eine zunächst unpolitische Bewegung, die in Steglitz, einem Vorort von Berlin ihren Anfang nahm. Im Mittelpunkt der Wandervogelbewegung stand das gemeinsame Wandern junger Menschen. Schon das allein war unter den Bedingungen des Wilhelminischen Deutschland des späten 19. Jahrhunderts eine Tat, die gesellschaftliche Veränderungen zur Folge hatte.

*Im Vereine mit gleichgesinnten rüstigen Wanderern, bei frohem Liederklange, mit schmalem Beutel aber heiterem Herzen sollen sie (die Jugendlichen) die Fluren ihres Vaterlandes durchpilgern. Studenten, erprobte Wanderer unter den größern Schülern selbst sind dabei ihre Führer. Der echte Wandervogel meidet möglichst Gasthäuser, ihre dem Luxus dienenden Tafeln und weichen Betten. Ein selbstbereitetes Mahl von Erbswurst, Rührei und Schinken, die warme Milch, der duftende Kakao auf eigenem Spiritusherde in schattigem Walde oder auf freiem Felde bereitet, ersetzt ihm alle Genüsse der table d'hote, und das Lager auf dem Heuboden ist dem Wegmüden warm und weich genug. Alkohol und Nikotin sind verpönt! Der Wandervogel verzichtet auf die Bedienung des befrackten Kellners, denn - ,selbst ist der Mann'. Er ist Koch, Kellner, Hausknecht und Portier in einer Person, ,und in der Fremde weiß er sich zu helfen'. Was ein anderer im Laufe des Tages an Trinkgeldern für Kellner ausgibt, das genügt ihm zum Unterhalte seines täglichen Lebens. Der wohl gefüllte Rucksack, der Wanderstab und ein frohes Herz, das sind sein einziges Gepäck, mit dem er leicht durch die Welt kommt. Den ,Wandervögeln' begegnet man im Preußenland, im Schwabenland, da, wo am Rhein die Rebe blüht, da, wo am Belt die Möve zieht, und wo des Marses Rind sich streckt, und wo der*

*Märker Eisen reckt, im Pommerland, Westfalenland, da, wo der*
*Sand der Dünen weht und wo die Donau brausend geht. Das*
*ganze Deutschland soll es sein!*[4]
Die Verbindung von Naturbegeisterung und nationalem Empfinden bliebt für die Jugendbewegung durch alle Wandlungen hin-
durch prägend und bildete eine wichtige Gemeinsamkeit über alle
Konflikte und Spaltungen hinweg.

Der Weltkrieg und die Anfänge der Weimarer Republik brach-
ten auch für die Jugendbewegung einen Umbruch: insgesamt kann
man nicht sagen, daß die Jugendbewegung in diesen Krisen sich
wesentlich besser bewährte als die meisten anderen gesellschaftlichen Gruppierungen. Es kam unter anderem zur Bildung von
Siedlungen, Werkgemeinschaften und Arbeitslagern und zu einer
immer weitergehenden Spaltung und Politisierung.

Aus heutiger Sicht waren in der Jugendbewegung verhängnis-
volle und zukunftsweisende Elemente miteinander unentwirrbar
verwoben. In vielen Ansätzen für Änderung und Reform haben
Teile der Jugendbewegung Themen aufgegriffen und erstmals versucht in die Praxis umzusetzen, die bis heute noch ungelöst sind
und oft Teil der umweltpolitischen Tagesordnung bilden; zugleich
erwies sich die kaum zu leistende Auseinandersetzung mit den
Fragen des Nationalismus als eine Überforderung der Jugendbewegung.

Das Verhältnis von Jugendbewegung und Nationalsozialismus
ist oft diskutiert worden: zweifellos gab es in der Jugendbewegung
viele Aspekte, die sie dem Nationalsozialismus gegenüber emp-
fänglich sein ließ. Die einzelnen Gruppen wurden nach 1933
ebenso rigoros wie alle anderen Jugendgruppen in der Hitlerju-
gend eingegliedert, nicht in allen Fällen gegen ihren Willen.

Der Nationalsozialismus hatte mit den Ideen der Jugendbewegung durchaus Überschneidungspunkte. Diese Ideen wurden in
den Jahren zwischen 1933 und 1945 durch Mißbrauch, oft unabhängig von ihrer Gültigkeit, in Mißkredit gebracht. Die Fähigkeit
des Nationalsozialismus, alles was er berührte zu verderben, hat
sich auch auf die Haltung zur Natur erstreckt.

---

4  Werner Kindt (Hrsg.), Die Wandervogelzeit, Quellenschriften zur deutschen
   Jugendbewegung 1896-1919 (Dokumentation der Jugendbewegung II). Düsseldorf 1968, S. 68-69

So sind die Traditionen, auf die Natur- und Umweltschutz im deutschsprachigen Raum zurückgreifen können, durchaus zwiespältig. Einerseits handelt es sich um zentrale Wertvorstellungen der deutschsprachigen Kultur; andererseits sind diese Vorstellungen auf kaum mehr entwirrbare Weise mit den schweren Brüchen der Weltkriegsepoche verbunden und damit heute nur schwer zugänglich. Dieser Zwiespalt hat die Anfänge der Umweltbewegung in der Bundesrepublik Deutschland mitbestimmt und wirkt, oft kaum mehr erkennbar, weiterhin in der ökologischen Bewegung der neuesten Zeit nach.

# 4. Naturschutz

Der erste Bereich, in dem gesetzliche Maßnahmen zum Schutz der Umwelt ergriffen wurden, war der Naturschutz. Der Naturschutz ist aber nur ein Teilbereich des Umweltschutzes. Es geht dabei um den Erhalt eines bestimmten Landschaftsbildes sowie der Flora und Fauna in einem abgegrenzten Gebiet, in dem dann verschiedene Formen industrieller, land- und forstwirtschaftlicher, aber auch touristischer Nutzung untersagt sind. Auf diesem Gebiet besteht eine kontinuierliche rechtliche Tradition, die bis in das späte 19. Jahrhundert zurückreicht. Unbestrittene Folge der Industrialisierung war eine rasche Veränderung der Natur. In der Umgebung von Industrieanlagen konnte es zu dramatischen Ereignissen kommen. Straßen, und vor allen Dingen auch Eisenbahnen wurden gebaut, so daß abgelegene Gebiete zugänglich wurden. Man konnte befürchten, daß die Industrielandschaft sich über das ganze Land erstrecken würde.

*So spannen mechanisierte Organisationen ihre vielfachen unsichtbaren Netze über jeden Fußbreit Erde. Hier und da wird eine Masche sichtbar. Absperrungen, Verbote, Aufforderungen, Warnungen, Drohungen säumen unsere Wege. ... Kein komplizierterer und schwierigerer Beruf läßt sich in zivilisierten Ländern erdenken als der des Einsiedlers.*[1]

Auf dieses Übergreifen der Industriegesellschaft auf alle Lebensbereiche finden sich zahlreiche Antworten. Einerseits gab es die Utopien und den Versuch eines Rückzuges aus der Industriegesellschaft »in die Natur«. Andererseits gab es diejenigen, die nicht auf die Vorteile der Industrialisierung verzichten und dennoch einen Rest Natur erhalten wollten. In der Tradition der Romantik war die Natur - Wald, Feld und Tier - ein Ort der Reinheit und der Ruhe, ein Spiegel der menschlichen Gefühle. Die ersten Maßnahmen zum Schutz der Natur waren dementsprechend abwehrender Art, ein Versuch wenigstens Teile der Natur vor den Übergriffen der industrialisierten Gesellschaft zu schützen. Auf diese Weise entstand um die Jahrhundertwende der Naturschutz, etwa

---

1  Walther Rathenau, Zur Kritik der Zeit, Berlin 1912, S. 75

gleichzeitig in mehreren europäischen Ländern, nachdem bereits 1872 in Amerika der Yellowstone Park als erstes Naturschutzgebiet der Welt geschaffen worden war. Grundgedanke dieses Naturschutzes war die Einrichtung von Schutzgebieten, in denen wildlebende Arten ungestört bleiben konnten, also auf einer Trennung von Naturreservaten und menschlicher Gesellschaft. Der frühe Naturschutz kümmerte sich wenig um das, was sich außerhalb seines Patronats ereignete.

Der Naturschutz ist eine der wichtigsten historischen Quellen des modernen Umweltschutzes und bildet weiterhin einen wesentlichen Bestandteil desselben. Der im Rahmen des Naturschutzgedankens von Anfang an bezeichnete Konflikt besteht gleichermaßen für Versuche, sämtliche natürliche Ressourcen zu gestalten und zu schützen, nämlich inwieweit Gestaltung und Nutzung der Ressourcen einen bereits unannehmbaren Eingriff darstellen und inwieweit der Schutzgedanke absolut vertreten werden muß. Die Verstrickung ist auch die Gleiche geblieben: der ganze Planet kann nicht Naturschutzgebiet werden; deshalb muß ein sinnvolles Gleichgewicht zwischen Nutzung und Schutz gefunden werden, wobei die unangemessene Betonung des Gestaltungsprinzips - und sei es noch so umweltbewußt - gleichermaßen fragwürdig ist wie die absolute Verteidigung des Schutzprinzips.

Inzwischen gibt es kaum noch naturbelassene Gebiete auf dem Planeten. Die doppelte Wirkung des Bevölkerungswachstums und der unerhört gewachsenen Inanspruchnahme der natürlichen Ressourcen durch die Bevölkerung der industrialisierten Welt führen zu einer ständig wachsenden Belastung der Natur. Der menschliche Einfluß ist überall gegenwärtig; es gibt jedoch unterschiedliche Grade der Kultivierung, und zweifellos ist der Nordwesten Europas - mit einigen Gegenden Asiens - der am intensivsten vom Menschen genutzte Erdteil. Dementsprechend ist der Naturschutz gezwungen, sich mit der Verwandlung des Kontinents in eine Kulturlandschaft abzufinden - in Europa ist Naturschutz eine Form der Verwaltung begrenzter Ressourcen.

In der Bundesrepublik Deutschland wird heutzutage der Naturschutz durch Bundesgesetz geregelt, aber es sind vornehmlich die Länder, die für den praktischen Naturschutz im Rahmen des Bundesrechts verantwortlich sind. Da eine Trennung von »Natur« und Lebensumwelt des Menschen in der Bundesrepublik Deutschland kaum mehr möglich ist, muß das Ziel des Naturschutzes der

Schutz von Natur und Landschaft sowohl in bebauter als auch in
unbebauter Umgebung sein.

Der Naturschutz hat mit der Schaffung von geschützten Gebieten begonnen. Nach wie vor werden in der Bundesrepublik
Deutschland Schutzgebiete unterhalten und sogar neu ausgewie-
sen. Unterschieden wird dabei nach der Intensität der gestatteten
Nutzung: Naturschutzgebiete sind am strengsten geschützt; sie
dürfen nur insoweit betreten werden als es der Schutzzweck erlaubt. Nationalparks sind zwar auch geschützt, sollen aber in
Übereinstimmung mit dem Schutzzweck öffentlich zugänglich gemacht werden, das heißt, es wird angenommen, daß das geschützte
Gebiet insbesondere für Tourismus genutzt werden wird. In Land-
schaftsschutzgebieten ist insbesondere die Landwirtschaft gestattet, die in Naturschutzgebieten und Nationalparks nicht zulässig
ist. Naturparks sind wiederum wie Landschaftsschutzgebiete anzusehen, nur daß sie in besonderem Maße der Erholung dienen und
entsprechend geplant, gegliedert und erschlossen werden.
Schließlich gibt es Naturdenkmale und geschützte Landschaftsbe-
standteile, besondere Einzelschöpfungen der Natur, die zusammen
mit ihrer unmittelbaren Umgebung geschützt werden sollen.

Diese Vielfalt der Schutzformen ist im Prinzip sinnvoll, gestattet
jedoch durchaus widersprüchliche Interpretationen. Obwohl ein
großer Teil der Fläche der Bundesrepublik unter einer Form von
Naturschutz steht (fast ein Drittel), ist der Druck auf diese Gebiete durch Landwirtschaft, Tourismus, Verkehr und Industrie so
groß, daß nach internationalen Kriterien nur geringe Flächen als
wirksam geschützt anzusehen sind.

*Gemessen an den strengen internationalen Kriterien besitzt die*
*Bundesrepublik auf ihrer Gesamtfläche nur 0,14 Prozent Natur-*
*schutzgebiete. Sie liegt damit am Ende der Skala von 18 (euro-*
*päischen) Nationen, nur Belgien hat noch weniger zu bieten. In*
*der Schweiz hingegen sind, bezogen auf die Gesamtfläche, die*
*geschützten Gebiete dreimal größer als bei uns, in Frankreich*
*fünfmal und in den dicht besiedelten Niederlanden gar mehr als*
*zehnmal.*

*Dies ergab eine Bestandsaufnahme der Vereinten Nationen, die*
*1982 veröffentlicht wurde. Doch auch bei den Gebieten mit*
*schwächerem Naturschutz-Status ist es kaum anders: Zwar fal-*
*len in der Bundesrepublik insgesamt 340 000 Hektar in die vierte*
*(zweitstrengste) Kategorie, davon sind allerdings 218 000 Hektar*

*Wattenmeer. Der Rest verteilt sich auf nur 36 von fast 1500 meist winzigen Naturschutzgebieten. Nur diese wenigen Areale sind, wie für die vierte Kategorie vorgeschrieben, größer als 1000 Hektar.*

*Die Größe spielt jedoch eine wichtige Rolle. Denn: Wo Raumangebot und Revieransprüche der Tiere nicht deckungsgleich sind, geraten die Arten in Not. Hinzu kommt, daß die Isolation kleiner Reservate den Austausch von Individuen mit anderen Regionen erschwert oder sogar völlig verhindert; die Experten sprechen in solchen Fällen von Verinselung[2]*

Das ganze, inzwischen sehr komplexe System des Naturschutzes geht bis in das späte 19. Jahrhundert zurück. Etwas später setzte ebenfalls der Artenschutz ein, das heißt Maßnahmen zum Schutz wildwachsender Pflanzen und wildlebender Tiere, mit Ausnahme der jagdbaren Arten. Der Artenschutz beruht auf Verboten des Pflückens bei Pflanzen und auf Verboten des Fangens, Haltens, Handelns oder Tauschens von geschützten Tieren, ihrer Brutstätten oder Eier. Meistens erstreckt sich der Schutz für Tiere auch auf ihre Brut- und Weideplätze.

So einleuchtend der Artenschutz erscheint, so schwer ist er in der Praxis durchzusetzen. Bei bestimmten besonders gefährdeten Arten (zum Beispiel beim Seeadler) ist es erforderlich, die Nester durchgehend zu bewachen, damit die Eier nicht von Sammlern ausgeraubt werden. Diese Bewachung erfolgt auf freiwilliger Basis. Das Ausmaß der Bedrohung wird jedoch noch deutlicher, wenn man das Gesamtbild der ausgestorbenen und bedrohten Tierarten in der Bundesrepublik Deutschland betrachtet (Siehe Tabelle auf S. 35). Dabei wird deutlich, daß zwar die kleinen Wirbeltiere und Großschmetterlinge zahlenmäßig vorherrschen, der Vorgang des Aussterbens jedoch gleichermaßen alle Bereiche des Tierlebens erfaßt.

---

2 Egmont R. Koch, Fritz Vahrenholt, Die Lage der Nation, Umwelt-Atlas der Bundesrepublik. Daten, Analysen, Konsequenzen, Hamburg 1983, S. 79

## Naturschutzgebiete und Nationalparks

In unseren *Nationalparks* im Bayerischen Wald, bei Berchtesgaden und im Wattenmeer ist die Natur noch am besten geschützt. Diese Schutzgebiete machen zusammen **zwei Prozent** der Fläche der Bundesrepublik aus, das meiste davon Wasser- und Wattflächen. **Die wirklich streng geschützten Zonen** ergeben allerdings nur ein Prozent. Unter die schärfste Schutzkategorie der Vereinten Nationen fallen aber auch die deutschen Nationalparks nicht, denn die ist „strikten Naturreservaten" vorbehalten, und solche Gebiete gibt es bei uns nicht.

Die mehr als 2000 *Naturschutzgebiete* in der Bundesrepublik bedecken gerade etwas mehr als ein Prozent der Landesfläche. Die große Zahl zeigt bereits einen **Hauptmangel: Die meisten Gebiete sind viel zu klein,** als daß sie einen effektiven Schutz der Natur gewährleisten könnten. Die von den Vereinten Nationen geforderte Mindestgröße von 1000 Hektar wird gerade auf der Hälfte der Fläche erreicht. Die Bundesrepublik ist beim Naturschutz Entwicklungsland.

*Quelle: Umweltmagazin »Natur« (6/1987)*

Übersicht über ausgestorbene und bedrohte Tierarten in der Bundesrepublik Deutschland

| | Artenzahl | ausge-storben | | gefährdet | | zusätzlich poten-tiell gefährdet | |
|---|---|---|---|---|---|---|---|
| | (ohne Gäste) | Arten | % | Arten | % | Arten | % |
| Säugetiere | 94 | 7 | 8 | 37 | 41 | 6 | 6 |
| Vögel | 305 | 20 | 8 | 78 | 31 | 35 | 14 |
| Kriechtiere | 12 | - | - | 9 | 76 | - | - |
| Lurche | 19 | - | - | 11 | 58 | - | - |
| Fische (Süßwasser) | 70 | 4 | 2 | 45 | 65 | 1 | 1 |
| Wirbeltiere insg. | 486 | 28 | 6 | 188 | 39 | 39 | 8 |
| Großschmetterlinge | 1300 | 27 | 2 | 467 | 36 | 40 | 3 |
| Libellen | 80 | 4 | 5 | 39 | 49 | - | - |

*Quelle: Blab, Nowak, Trautmann, Sukopp 1983[3]*

Der internationale Handel mit gefährdeten Arten ist durch ein Abkommen, das sogenannte Washingtoner Abkommen, untersagt. Dennoch scheint die Sammlerleidenschaft so ausgeprägt, daß dieser Handel nur mühsam zu unterbinden ist. In der Tat gilt die Bundesrepublik Deutschland als eines der Länder, in denen dieses Geschäft nach wie vor blüht.

Ein besonderes Problem stellen die sogenannten »ziehenden Arten« dar, das heißt Tiere (zum Beispiel Zugvögel oder Fische), die ihrer Natur nach über größere Entfernungen ziehen. Dabei überqueren sie auch politische Grenzen, so daß ihre Zugwege durch internationale Maßnahmen geschützt werden müssen, die sich auf die Jagd und die Bereitstellung geeigneter Brut- und Lagerstätten beziehen. Im Rahmen der europäischen Gemeinschaft gibt es eine Richtlinie, welche alle zehn Mitgliedsstaaten zum Schutz bestimmter Vogelarten verpflichtet. Solche Richtlinien sind allerdings nur durch langwierige Kleinarbeit auf internationaler Ebene in wirksame Schutzmaßnahmen zu verwandeln.

Der Artenschutz ist seinerseits eng verbunden mit Fragen des Tierschutzes schlechthin, das heißt Maßnahmen zum Schutz von Tieren vor unwürdiger Behandlung oder gar Mißhandlung. Dabei geht es vor allen Dingen um Nutz-, Versuchs- und Haustiere, das heißt Tiere, die in der unmittelbaren Umgebung des Menschen leben. Mit zunehmender Industrialisierung hat sich auch das Ver-

---

3 Siehe Gerd Michelsen (Hrsg.), Der Fischer Öko-Almanach 84/85. Daten, Fakten, Trends der Umweltdiskussion, Frankfurt a.M. 1984, S. 102

hältnis der Menschen zu diesen Tieren stetig gewandelt. Wildlebende Tiere sind nicht nur aus dem unmittelbaren Umkreis der
Menschen verschwunden, sondern überhaupt aus ihrem Gesichts-
kreis. In den industrialisierten Ländern wachsen Kinder ohne jeg-
lichen Kontakt zu wildlebenden Tieren auf. Andererseits können
exotische, das heißt nicht einheimische, Tiere außerordentlich
starke Emotionen hervorrufen - etwa der Tiger, Pandabären oder
Robben. Während der Schutz derartiger Tiere Millionen von
Menschen mobilisieren kann, bleibt der Schutz von Tieren in der
unmittelbaren Umgebung des Menschen Sache einer gesellschaftlichen Randgruppe.

*Doch nicht nur die deutsche Vegetarierbewegung ist gescheitert;*
*alle Tierschutzbewegungen dieser Art - und zwar in allen Län-*
*dern der Erde - haben in den letzten Jahren an Einfluß verloren.*
*Der Gesamtprozeß der fortschreitenden Industrialisierung, Ver-*
*städterung, Bevölkerungsvermehrung und zugleich steigenden*
*Lebenserwartung war eben doch stärker als alle noch so ein-*
*dringliche Gegenstimmen. Es gibt zwar immer noch vereinzelte*
*Proteste von seiten der ... Tierschutzvereine, der Vegetarierbünde*
*und neuerdings der »Grünen«. Doch selbst in diesen Kreisen*
*wird weitgehend am Konzept der grundsätzlichen Überlegenheit*
*des Menschen und damit einer anthropozentrischen Sicht der*
*Tiere festgehalten. Und so sind die Tiere heute schlimmer dran*
*als je zuvor - und zwar nicht nur die gnadenlos verfolgten Wild-*
*tiere, sondern auch die einer ebenso mechanisierten Lebensweise*
*unterworfenen Nutztiere.*
*Noch am besten haben es die sogenannten Wohnzimmertiere,*
*deren Zahlen in den hochindustrialisierten Ländern weiterhin*
*ansteigen. Durch die zunehmende Fragmentierung, Vereinzelung*
*und damit Kontaktlosigkeit ist selbstverständlich auch das*
*Kompensationsbedürfnis ... größer geworden. ... Während es frü-*
*her die Buchverleger waren, welche viele Menschen mit Gefühls-*
*und Liebessurrogaten versorgten, sind es heute die Pet-Züchter,*
*welche diese Funktion erfüllen - was zu einer geradezu unglaub-*
*lichen Heimtiersentimentalität beigetragen hat. 82 Prozent (der*
*Bürger der Bundesrepublik) behaupten von sich selbst äußerst*
*»tierlieb« zu sein. Ja, die Mehrheit der BRD-Bürger hält »Tier-*

*quälerei« für »strafwürdiger als Kindesmißhandlungen oder Prügel für die Ehefrau«.*[4]

Von allen Tieren sind jedoch vermutlich die Nutztiere am stärksten von der Industrialisierung erfaßt. Sie werden fast gänzlich aus dem öffentlichen Bewußtsein verdrängt. Steigender Fleischkonsum, wie in den letzten 30 Jahren in der Bundesrepublik Deutschland zu verzeichnen, bedeutet zwangsläufig ein starkes Ansteigen der Zahl der Nutztiere. Ein großer Anteil aller Nutztiere (das Schaf ist eine wichtige Ausnahme, da es keine Stallhaltung verträgt) wird in intensiven, das heißt industriell organisierten Tierhaltungen verarbeitet. Bei Hühnern, Schweinen und Kälbern ist dieses vermutlich bereits die Regel.

Der Tierschutz hat sich nur schwer auf die Erfordernisse derartiger Tierhaltungen einstellen können. Die Materie ist inzwischen außerordentlich komplex, ohne daß es zu befriedigenden Lösungen gekommen wäre. Sämtliche Lebensbedingungen der Nutztiere unterliegen einer staatlichen Kontrolle, aber die Konflikte zwischen den Bedürfnissen der Tiere und dem wirtschaftlichen Interesse der Betreiber von Tierhaltungen werden in aller Regel noch zugunsten der Letzteren entschieden.

*Die Erhöhung (der Bodenfläche von Käfigen für Legehennen) auf 500 Quadratzentimeter bedeutet eine Vergrößerung des Lebensraums der Legehennen um rund 25 Prozent bzw. etwas darüber; das ist eine wesentliche Änderung. Um der Objektivität und einer gerechten Beurteilung willen muß ich jedoch auf zwei Nachteile hinweisen, die dieser Vorschlag mit sich bringt. Es versteht sich natürlich von selbst, daß eine Vergrößerung des Raums für die Hennen für den Produktionsprozeß von einschneidender Bedeutung ist und daß deshalb die Kosten steigen und der Verbraucher folglich für das Produkt mehr zahlen muß. Zweitens wird durch diesen Vorschlag die Wettbewerbsposition der Europäischen Gemeinschaft geschwächt. Bei Geflügel nimmt die Gemeinschaft einen bedeutenden Platz ein: 1981 war zum Beispiel ein erfolgreiches Jahr. Die Ausfuhren in Drittländer haben sich sogar verdreifacht. Diese Position wird jedoch durch diese vorgeschlagenen Maßnahmen, sofern sie gebilligt werden, eini-*

---

4 Jost Hermand, »Gehätschelt und gefressen: Das Tier in den Händen der Menschen«, in: Reinhold Grimm, Jost Hermand (Hrsg.), Natur und Natürlichkeit. Stationen des Grünen in der deutschen Literatur, Frankfurt a.M. 1981, S. 70

*germaßen beeinträchtigt. Ich denke hierbei vor allem an das Wettbewerbsverhältnis zu den Vereinigten Staaten, wo die Fläche in den Batterien zwischen 310 und 340 Quadratzentimeter beträgt. Unsere Wettbewerbsposition wird also beeinträchtigt, und das bedeutet auch, daß dadurch die Beschäftigung, die uns so am Herzen liegt, negativ beeinflußt wird.*

*Große Aufmerksamkeit wurde der Verbesserung des Wohlbefindens der Legehennen gewidmet. Es gibt jedoch Grenzen. Der Berichterstatter ist der Meinung, daß mit diesem Vorschlag die Höchstgrenze erreicht ist.*[5]

Der Naturschutz ist durch zahlreiche Paradoxien gekennzeichnet. Einerseits ist das System des Naturschutzes in der Bundesrepublik außerordentlich weitreichend und hoch entwickelt; andererseits nimmt die Bedrohung der Natur sowohl durch die Nutzung des Raumes als auch durch das Verschmutzungspotential von Luft, Wasser und Boden ständig zu. Die Nutzungskonflikte selbst in streng geschützten Gebieten sind kaum mehr zu bewältigen, da Naturschutzgebiete die Grundlage von Fremdenverkehr geworden sind, das heißt je mehr geschützte Gebiete, je mehr Anziehungskraft hat eine Region für den Fremdenverkehr. Diese Konflikte werden jedoch in der Beziehung von Landwirtschaft und Umwelt besonders deutlich.

---

5  Abgeordneter Tolman (NL), Berichterstatter, im Europäischen Parlament am 23. April 1982

# 5. Umwelt und Ressourcen

Der Naturschutz des 19. und 20. Jahrhunderts beruhte auf einer Vorstellung der menschlichen Verantwortung für die Natur und der Natur als Ort der Ruhe, der Schöpfung. Erst allmählich wurde deutlich, daß nicht nur die Landwirtschaft, sondern auch die Industrie auf den Ressourcen der Natur aufbaute. Die industrielle Revolution hat die Produktionsweisen grundlegend verändert, aber produziert wird weiterhin aus Rohstoffen, die der Natur abgewonnen werden müssen.

Die theoretische Verfügbarkeit von Ressourcen entspricht jedoch nicht der praktischen Verfügbarkeit; oft spielt die räumliche Verteilung eine große Rolle, weil bestimmte Ressourcen nur in gewissen Teilen der Erde wirtschaftlich zu gewinnen sind.

Die Energievorräte, vor allen Dingen an Kohle, sind weiterhin unfaßbar umfangreich; bislang wurden nur leicht zugängliche Vorkommen der meisten Rohstoffe genutzt, aber viele Rohstoffe gibt es nach wie vor in sehr großen Mengen in weniger günstigen Lagen, die durch technische Neuerungen oder durch eine dramatische Änderung der wirtschaftlichen Gegebenheiten erschlossen werden könnten. Eines der interessantesten Erscheinungen des letzten Jahrhunderts, in welchem häufig von den Grenzen der verfügbaren Ressourcen die Rede war, ist die ständige Zunahme von Schätzungen ihrer Verfügbarkeit.

Die Bundesrepublik Deutschland ist in jedem Fall in hohem Maße abhängig vom Import von Rohstoffen. Von den wichtigsten primären Rohstoffen ist alleine Kohle in bedeutendem Umfang in der Bundesrepublik Deutschland vorhanden.

Da in der Bundesrepublik Deutschland die primären Rohstoffe kaum in wirtschaftlich relevanten Mengen vorkommen, ist die Bundesrepublik auf diesem Gebiet weitestgehend von Entwicklungen in anderen Ländern und auf dem Weltmarkt abhängig.

Nach wie vor ist die Frage der Energienutzung, ihrer weltweiten Entwicklung und der damit verbundenen Folgen in hohem Maße umstritten. Unzweifelhaft ist, daß der Energieverbrauch einer der größten Faktoren der Umweltbelastung ist, und daß eine Verringerung des Verbrauchs unmittelbar zum Umweltschutz beiträgt.

## Unsere Rohstoff-Abhängigkeit
### Anteil der Einfuhr am Verbrauch der Bundesrepublik

Holz **10**%
Nahrungs-mittel **28**%
Erdgas **63**%
Zink **65**%
Blei **87**%
Erdöl **96**%
Eisenerz **98**%
Kupfer **99**%
Baumwolle, Zinn, Bauxit, Stahlveredler u.a. **100**%

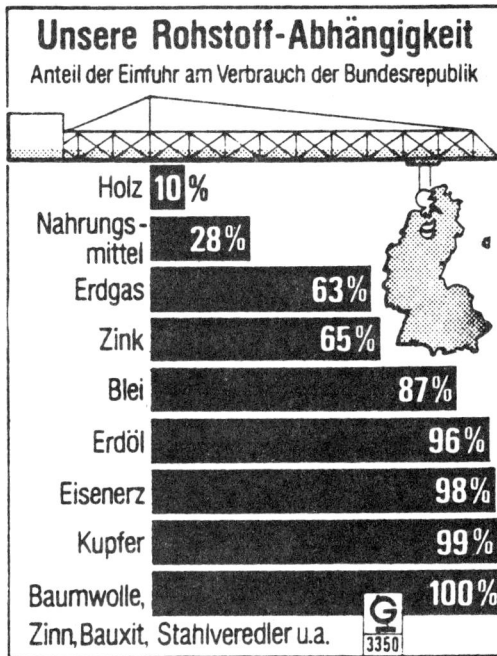

*Quelle: Globus 10.12.1979*

Die energiepolitische Debatte zeigt abermals, wie komplex die Beziehungen zwischen natürlichen Vorgängen und ihrer gesellschaftlichen Nutzung sind und somit auch wie schwierig es ist, die nachteiligen Folgen zu meistern.

*Als Primärenergie wird die in den umgesetzten Energieträgern vor der Umwandlung enthaltene Energie bezeichnet. Primärenergieträger sind somit Energieträger, die keiner Umwandlung unterworfen werden, sondern als Rohstoff in der Natur vorkommen. Dies sind vor allem in ihrem Vorrat begrenzte Brennstoffe wie Kohle, Erdöl, Ergas, Uran oder Thorium; dazu gehören auch regenerative Energiequellen wie Wind, Laufwasser, Sonnenstrahlung, Biostoffe, Erdwärme oder Gezeitenenergie. Der Primärenergieverbrauch für die Bundesrepublik ist in Tabelle 4* [s.S. 42 in diesem Buch] *dargestellt.*

*Durch die Umwandlung von Energieträgern wird deren chemische und/oder physikalische Struktur verändert. Als Umwand-*

*lungsprodukte fallen Sekundärenergie, nicht energetisch ver-*
*wendbare Produkte (Nichtenergieträger) sowie große Mengen an*
*ungenutzter Energie in Form von Abwärme an. Sekundärener-*
*gieträger fallen als leitungsgebundene Energie an (Elektrizität,*
*Fernwärme, Stadtgas, Biogas u.a.) oder als Veredelungsprodukte*
*aus fossilen Rohstoffen (Briketts, Koks, Treibstoffe u.a.).*
*Als Endenergie wird die dem Endverbraucher (Haushalt, Indu-*
*striebetrieb, Autofahrer u.a.) gelieferte Energie nach deren Um-*
*wandlung in Raffinerien, Kokereien, Kraftwerken o.a. und deren*
*Verteilung über das Stromnetz, Tankstellennetz bis an die Steck-*
*dose, in den Benzintank oder in den Heizöltank bezeichnet. End-*
*energieträger sind Benzin, Dieselöl, Strm, Kohle u.a.*
*Beim Einsatz von Endenergie entstehen wie bei der Umwand-*
*lung der Primärenergieträger Verluste. Die Energie, die nach Ein-*
*satz der Endenergieträger im Heizkessel, am Elektromotor, im*
*Fahrzeug u.a. als genutzte Energie am Heizkörper im Zimmer,*
*an der Antriebswelle des Motors u.a. ankommt wird als Nutz-*
*energie bezeichnet.*
*Das Verhältnis der bei der Umwandlung gewonnenen Energie*
*zur hineingesteckten Energie wird als Wirkungsgrad bezeichnet.*
*Der Wirkungsgrad gibt somit an, wieviel der eingesetzten Energie*
*genutzt werden.*[1]

In den letzten Jahren sind energiesparende Maßnahmen in vielen
Ländern diskutiert worden; seit den Energiekrisen der siebziger
Jahre ist auch in den meisten Ländern der Energieverbrauch im
Verhältnis zur gesamten wirtschaftlichen Tätigkeit deutlich gesun-
ken. Dennoch bleibt noch ein weiter und kontroverser Weg zu-
rückzulegen, vor allen Dingen im Hinblick auf die Nutzung soge-
nannter »erneuerbarer« Energiequellen, im wesentlichen Sonnenenergie in allen Formen, das heißt die direkte Sonneneinwirkung,
Windenergie und Energie aus dem Wasserkreislauf.

Nicht nur die mengenmäßige Verfügbarkeit wichtiger Ressourcen wie Energie und andere Rohstoffe wirft Probleme auf; vielfach
ist nicht die Menge dieser Ressourcen, sondern sind die Folgen ihrer Nutzung der wichtigste begrenzende Faktor. Ressourcen werden häufig an einem Ort gewonnen, wo sie abgelagert und nicht in

---

1 Michelsen a.a.O., S. 127

Primärenergieverbrauch in der Bundesrepublik Deutschland 1957 bis 1978 in Millionen Tonnen Steinkohle-Einheiten (Mill. t SKE)

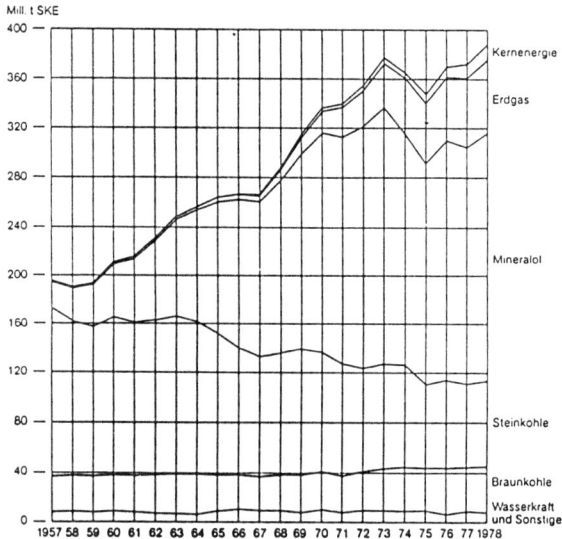

| Jahr | Mineral-öl | Stein-kohle | Braun-kohle | Erdgas | Kern-energie | Wasser-kraft | Son-stige | Ins-gesamt |
|---|---|---|---|---|---|---|---|---|
| | | | | Mill. t SKE | | | | |
| 1957 | 21,6 | 137,1 | 28,9 | 0,6 | – | 5,5 | 2,4 | 196,1 |
| 1958 | 28,1 | 124,7 | 28,8 | 0,6 | – | 6,4 | 2,1 | 190,7 |
| 1959 | 35,4 | 121,8 | 28,2 | 0,7 | – | 5,5 | 2,4 | 194,0 |
| 1960 | 44,4 | 128,4 | 29,2 | 0,9 | – | 6,6 | 2,0 | 211,5 |
| 1961 | 53,7 | 123,4 | 29,3 | 1,0 | 0 | 6,5 | 1,8 | 215,7 |
| 1962 | 66,7 | 125,2 | 30,6 | 1,3 | 0 | 5,7 | 1,8 | 231,3 |
| 1963 | 80,7 | 126,9 | 32,4 | 1,7 | 0 | 5,3 | 1,9 | 248,9 |
| 1964 | 93,4 | 121,8 | 32,9 | 2,5 | 0 | 4,5 | 2,0 | 257,1 |
| 1965 | 108,0 | 114,4 | 30,0 | 3,5 | 0 | 6,8 | 1,9 | 264,6 |
| 1966 | 121,9 | 102,2 | 28,2 | 4,2 | 0,1 | 8,3 | 1,8 | 266,7 |
| 1967 | 127,2 | 96,7 | 27,3 | 5,6 | 0,4 | 7,9 | 1,7 | 266,8 |
| 1968 | 142,4 | 98,1 | 28,7 | 9,2 | 0,6 | 7,8 | 1,7 | 288,5 |
| 1969 | 160,4 | 101,7 | 29,9 | 13,1 | 1,7 | 6,6 | 1,6 | 315,0 |
| 1970 | 178,9 | 96,8 | 30,6 | 18,3 | 2,1 | 8,4 | 1,7 | 336,8 |
| 1971 | 185,7 | 90,3 | 29,3 | 24,0 | 2,0 | 6,4 | 1,7 | 339,4 |
| 1972 | 196,4 | 83,4 | 31,0 | 30,6 | 3,5 | 8,1 | 1,7 | 354,3 |
| 1973 | 208,9 | 84,2 | 33,1 | 38,6 | 3,9 | 8,2 | 1,6 | 378,5 |
| 1974 | 188,3 | 82,7 | 35,2 | 46,5 | 4,1 | 7,4 | 1,7 | 365,9 |
| 1975 | 181,0 | 66,5 | 34,4 | 49,2 | 7,1 | 7,8 | 1,7 | 347,7 |
| 1976 | 195,9 | 70,7 | 37,6 | 52,0 | 7,9 | 4,5 | 1,7 | 370,3 |
| 1977 | 193,9 | 67,0 | 35,1 | 55,5 | 11,8 | 7,3 | 1,7 | 372,3 |
| 1978 | 202,5 | 69,2 | 35,9 | 60,4 | 11,8 | 6,6 | 1,8 | 388,2 |

*Quelle: Barbara Ruske, Dieter Teufel, Das sanfte Energie-Handbuch, Reinbek 1980, S. 11f*

**Primärenergieeinsatz der Elektrizitätswirtschaft 1978 und Endenergieverbrauch
nach Verbrauchergruppen**

|  | Millionen t SKE | Anteil in Prozent |
|---|---|---|
| Steinkohle | 32,4 | 28,2 |
| Braunkohle | 32,6 | 28,4 |
| Erd- und Grubengas | 18,8 | 16,4 |
| Kokerei-, Gicht- und Raffineriegas | 2,6 | 2,3 |
| Mineralöl | 8,8 | 7,7 |
| Wasserkraft (und Stromeinführungsüberschuß) | 6,6 | 5,7 |
| Kernenergie | 11,8 | 10,3 |
| Torf, Müll und sonstiges | 1,2 | 1,0 |
|  | 114,8 | 100 % |

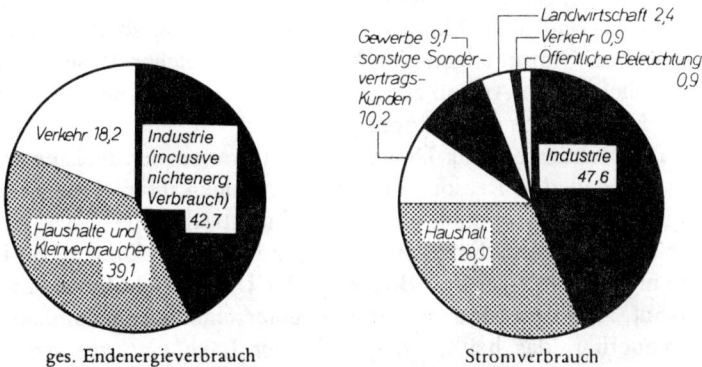

ges. Endenergieverbrauch          Stromverbrauch

*Quelle: Ruske/Teufel, a.a.O., S. 14*

besonders aktiver Wechselwirkung mit der Umwelt sind. Ihre Nutzung bedeutet zugleich ihre Aktivierung. Sie werden auf vielfältige Weise mobilisiert, genutzt und letztlich wieder beseitigt, jedoch meistens in einer Form, die längere Nachwirkungen auf die Umwelt hat. Das gilt für zahlreiche Stoffe wie Cadmium oder Blei, die für Mensch und Umwelt schädlich sein können; es wird besonders deutlich an einem Beispiel im Zusammenhang mit der Nutzung von fossilen Brennstoffen.

Man hat berechnet, daß die gesamte Menge Kohlenstoff des Planeten etwa 46 000 Gigatonnen beträgt. Nur 2 Prozent dieser

Menge befinden sich, vorwiegend in der Form von Kohlendioxyd ($CO_2$) in der Luft; weitere 77 Prozent sind im Meereswasser abgelagert und 5 Prozent in lebenden Pflanzen oder Tieren. Eine bedeutende Menge Kohlenstoff, 15 Prozent, befindet sich in fossiler Form im Boden abgelagert, zum größten Teil als Erdöl oder Kohle.

Die Nutzung der fossilen Energie setzt diesen Kohlenstoff frei, überwiegend in Form von $CO_2$, also in die Luft. Über die letzten Jahrzehnte ist ein lagsames Ansteigen der $CO_2$-Konzentration der Luft beobachtet worden, und aufgrund komplexer Hochrechnungen muß angenommen werden, daß die weitere Nutzung der fossilen Energievorkommen zu einer kontinuierlichen Erhöhung der $CO_2$-Konzentrationen führen wird. Das hinwiederum wird wahrscheinlich eine Erwärmung der Erde um etwa zwei Grad Celsius zur Folge haben, welches wiederum eine einschneidende Änderung des globalen Wetters verursachen würde. Es ist durchaus denkbar, daß nicht Mangel an Energiereserven, sondern die absehbaren Umweltfolgen der Nutzung überreicher Reserven den entscheidenden Anstoß zur Einführung wirksamer energiesparender Maßnahmen geben könnte.

Die Bundesrepublik Deutschland ist arm an den meisten industriell genutzten Ressourcen; aber die Folgen ihrer Nutzung treffen die Bundesrepublik als ein hochindustrialisiertes, dicht besiedeltes Land ganz direkt. Betroffen sind vor allen Dingen die Elemente Luft, Wasser und Boden, in der Umweltpolitik Medien genannt. Alle drei Medien gelten in unterschiedlichem Umfang als erneuerbar, das heißt, sie sind in der Lage eine gewisse Verschmutzung praktisch ohne Schaden zu ertragen und sich über bestimmte Zeiträume wieder aus eigenen Kräften zu erneuern. Die Fähigkeit sich zu regenerieren ist jedoch nicht unbegrenzt, und die Bundesrepublik Deutschland ist bereits vor vielen Jahren an die Grenzen der Nutzung dieser Medien gelangt. Es handelt sich dabei um ubiquitäre Ressourcen, die vielfach genutzt und buchstäblich lebensnotwendig sind.

Erst allmählich ist deutlich geworden, daß alle natürlichen Ressourcen in einem ökologischen Zusammenhang stehen; es entstand die Erkenntnis, daß es nicht ausreicht, Tiere und Pflanzen zu schützen, sondern daß die Natur in allen ihren Elementen zunehmend durch menschliches Handeln bedroht war. Der entscheidende Unterschied zwischen dem Naturschutz der Jahrhundertwende und dem modernen Umweltschutz ist, daß der Letztere sämtliche natürliche Ressourcen zu schützen trachtet, während der frühe Naturschutz nur einen Teil der Umwelt zu schützen suchte.

Die Erkenntnis der Erfordernis umfassenden Umweltschutzes ist erst allmählich gewachsen. Die Anfänge des systematischen Umweltschutzes liegen in den sechziger Jahren im Zusammenhang mit der starken Zunahme der sinnfälligen Verschmutzung von Wasser und Luft. Diesem ersten Ansatz zu einer Umweltpolitik folgt sehr bald die »Energiekrise«, die zum ersten Mal verdeutlichte, daß Umweltschutz in Wirklichkeit weit über Maßnahmen zum Schutz von Wasser und Luft hinausreicht. Die Energiekrisen von 1973 und 1976 - die in Wirklichkeit nur aus der dramatischen künstlichen Erhöhung der Preise für eine der Energieformen entstand und nicht aufgrund einer tatsächlichen Knappheit - haben gezeigt, wie gefährdet Wirtschaft und Gesellschaft der industrialisierten Länder sind, wenn eine der Ressourcen knapp zu werden droht.

# 6. Energiepolitik und Atomwirtschaft

Lange vor den sogenannten »Ölkrisen« der Jahre 1973 und 1976
hatten einflußreiche Wirtschaftsführer und angesehene Wissenschaftler in der Bundesrepublik die langfristige Energieversorgung
als gefährdet angesehen und energiepolitische Konsequenzen
gefordert. Louis Armand (Frankreich), Francesco Giordani (Italien) und Fitz Etzel (Bundesrepublik) lieferten in einer Studie jene
Zahlen, die etwa auch den Atomphysiker Carl Friedrich von Weizsäcker 1957 eine künftige »Energielücke« befürchten ließen.[1] Der
Bundesrepublik Deutschland wurde auf dem Energiesektor ein
Kapazitätsdefizit von 13 Prozent im Jahre 1965 und von 19 Prozent
für 1975 prophezeit.[2]
*»In unseren drei Ländern«, verkündeten die drei »Atomweisen«
der Europäischen Atomgemeinschaft (Euratom), »müssen die
größtmöglichen Anstrengungen gemacht werden, um die Erzeugung der klassischen Energiearten zu steigern. Wie groß aber
diese Bemühungen auch sein mögen - sie können mit unserem
Bedarf nicht schritthalten.«*[3]
Die Experten sahen Mitte der 50er Jahre eine fast ausschließlich
von der Kohle abhängige Energiewirtschaft voraus.[4] Sie forderten
eine staatliche Korrektur des zu erwartenden Kurses, favorisierten
dabei als alternative Primärenergie die Kernkraft und hofften,
schnelle Brutreaktoren könnten schon in den 80er Jahren einen
wesentlichen Teil des europäischen Energiebedarfs decken.[5] Damit war - nach dem Vorbild der amerikanischen »Atoms-for-
Peace«-Kampagne des Präsidenten Eisenhower die Grundrich-
tung für die künftige Forschungspolitik in der Bundesrepublik

---

1 Carl Friedrich von Weizsäcker, Atomenergie und Atomzeitalter, Frankfurt
   a.M. 1957, S. 128
2 Dieter Rucht, Von Wyhl nach Gorleben, München 1980, S. 22
3 Zitiert nach: Werner Meyer-Larsen, Das Ende der Ölzeit, München 1980, S.
   172
4 Im 19. und in der ersten Hälfte des 20. Jahrhunderts hatte die Energieversorgung Deutschlands im wesentlichen auf der Steinkohle beruht.
5 Vergl. Der Spiegel, Hamburg, 2.7.1979, S. 121

festgelegt, die in Energiefragen einseitig auf die Kernenergie fixiert war.[6] Kritiker des Kurses kommen zu dem Schluß:

*In der Bundesrepublik war Forschungspolitik lange Zeit identisch mit der Förderung der Atomenergie. Nicht ein Bundesministerium für Forschung und Technologie, sondern ein Atomministerium stand am Anfang programmatisch orientierter Forschungspolitik.*[7]

Neben dem Bundesministerium für Atomfragen (BMAt) etablierte sich die im Januar 1956 gegründete Deutsche Atomkommission (DAtK). Zunächst als Beratungsgremium für das Atomministerium gedacht, entwickelte sich die Atomkommission rasch zu einem einflußreichen Apparat mit untergeordneten Fachkommissionen und Arbeitskreisen, dem insgesamt rund 200 Wissenschaftler angehörten.[8]

Aber noch während die offizielle Forschungspolitik 1958 das erste Atomprogramm aus der Taufe hob, erwiesen sich die wissenschaftlichen Prognosen, die ihm zugrunde lagen, als falsch. Die Kohle war als Hauptenergieträger durch billige Erdölimporte abgelöst worden. Im Jahre 1956 erreichte die Förderung der Ruhr-Steinkohle ihren absoluten Rekord und ging danach stetig zurück. Der Anteil der Kohle als Primärenergie-Lieferant schrumpfte innerhalb der folgenden 20 Jahre von 60,7 auf 17,7 Prozent und konnte nur durch eine gezielte Strukturpolitik vor der völligen Verdrängung gerettet werden.[9]

Gleichzeitig offenbarte die Atomkraft ihre Tücken.

*Bereits 1958 zeichnete sich ab, daß die im ersten Atomprogramm formulierten Ziele zu hoch gesteckt waren und der finanzielle Rahmen beträchtlich erweitert werden mußte. Die staatlichen Verlustbürgschaften von je 50 Millionen DM für die fünf geplanten Leistungsreaktoren wurden verdoppelt, die Investitionshilfen verstärkt, sowie zusätzliche Finanzmittel für den Bau und die Deckung der Betriebsverluste von zwei weiteren Kernkraftwerken bereitgestellt. Dennoch erwies sich das Programm als fi-*

---

6  US-Informationsdienst (Hrsg.), Atomenergie für den Frieden, Bad Godesberg 1955

7  Rucht, a.a.O., S. 17

8  Vergl. Karsten Prüß, Kernenergieforschungspolitik in der Bundesrepublik Deutschland, Frankfurt a.M. 1974

9  Laut Angaben der Vereinigung Deutscher Elektrizitätswerke (VDEW), vergl. Der Spiegel, Hamburg, 19.5.1986

*nanzieller und technologischer Fehlschlag und mußte bereits
1959 eingestellt werden.*[10]
Aber auch die weitere Energiepolitik bewegte sich auf schwan-
kender Grundlage:

> *Das nächste Unheil richtete die von der Bundesregierung 1959
> bestellte Energie-Enquete an; vorgelegt 1962 von fünf wirt-
> schaftswissenschaftlichen Instituten. (...) So sagten die Wirt-
> schaftsforscher der Kohle eine immer noch leuchtende Zukunft
> voraus. Den damaligen Bundeswirtschaftsminister Ludwig Er-
> hard verlockte diese Weissagung zu dem Versprechen, die Kum-
> pel würden auch weiterhin jährlich 140 Millionen Tonnen Kohle
> fördern. Tatsächlich aber förderten sie in den 70er Jahren nur
> noch um die 90 Millionen Tonnen, und auch die ließen sich
> kaum absetzen.*

> *Dagegen unterschätzten die Forscher den künftigen Absatz von
> Öl, Gas und Atomstrom grotesk. Die für 1975 angenommene
> Menge von 85 Millionen Tonnen verarbeiteten Rohöls wurde
> schon 1968 überschritten, der für 1975 mit 1,1 Prozent ange-
> nommene Anteil der Kernkraft am Strom fiel siebenmal so hoch
> aus.*

> *Der Fehler der Enquete, so eine neuere Untersuchung über die
> Gründe von Prognosefehlern, kann »vielleicht damit erklärt wer-
> den, daß man sich zu Beginn der 60er Jahre die aus der Untersu-
> chung ... folgende erhebliche Verminderung des Steinkohlever-
> brauchs nicht vorzustellen vermochte«.*[11]

Wichtigste Irrtümer der Prognosen:
- die jährliche Wachstumsrate der Industrieproduktion, die von
  1963 bis 1973 in der Bundesrepublik bei durchschnittlich sieben
  Prozent gelegen hatte, wurde einfach fortgeschrieben;[12]
- die Wissenschaft hielt unerschütterlich an der These fest, daß
  das Wirtschaftswachstum von einem wachsenden Energieverbrauch abhängig sei.[13]

Eine Vergleichsstudie des Kieler Instituts für Weltwirtschaft ergibt
in dieser Hinsicht ein durchaus widersprüchliches Bild. (Siehe
Schaubilder auf S. 49 und 50)

---

10   Rucht, a.a.O., S. 24
11   Meyer-Larsen, a.a.O., S. 172f
12   Holger Strohm, Friedlich in die Katastrophe, Frankfurt a.M. 13/1986, S. 2
13   Klaus Traube/Otto Ullrich, Billiger Atomstrom?, Hamburg 1982, S. 70

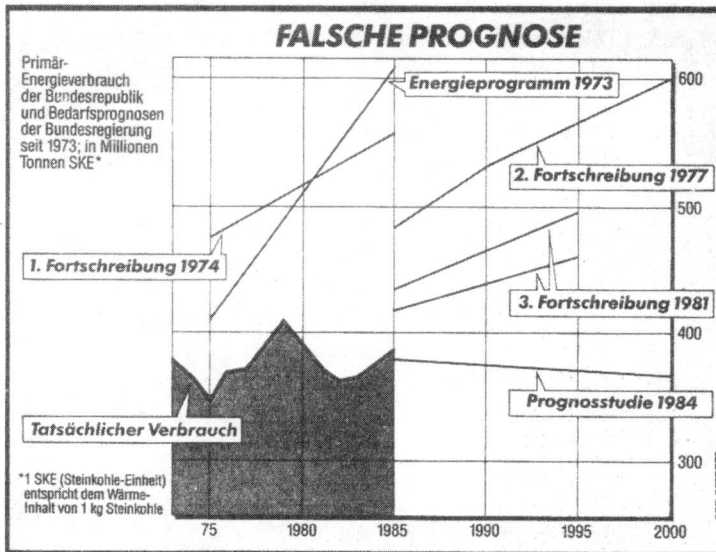

**FALSCHE PROGNOSE**

Primär-
Energieverbrauch
der Bundesrepublik
und Bedarfsprognosen
der Bundesregierung
seit 1973; in Millionen
Tonnen SKE*

*Energieprogramm 1973* — 600

*2. Fortschreibung 1977* — 500

*1. Fortschreibung 1974*

*3. Fortschreibung 1981* — 400

*Tatsächlicher Verbrauch*

*Prognosstudie 1984*

*1 SKE (Steinkohle-Einheit)
entspricht dem Wärme-
inhalt von 1 kg Steinkohle

300

75   1980   1985   1990   1995   2000

*Quelle: Der Spiegel, 26.5.1986*

Erst Ende der 70er Jahre wurden auch Möglichkeiten der Energieeinsparung in den Prognosen über die Entwicklung des Primärenergieverbrauchs in der Bundesrepublik einbezogen. (Siehe S. 51 und 52)

Die Argumentation für den Ausbau der Stromversorgung durch Kernkraft verlagerte sich. Die prognostizierte Zunahme des Energieverbrauchs wurde in der wissenschaftlichen Diskussion durch Vorhersagen eines eher stagnierenden Absatzes der Versorgungsunternehmen abgelöst. Die Drosselung des Energieverbrauchs war sogar zum Regierungsprogramm erhoben worden.[14] In der öffentlichen Diskussion blieb die Formel »... dann gehen die Lichter aus« allerdings noch in Gebrauch.[15]

Andererseits war den westlichen Industriestaaten infolge der Ölkrise vor Augen geführt worden, zu welchen Abhängigkeiten die ausschließlich marktwirtschaftliche Orientierung der Energiever-

---

14   Rucht, a.a.O., S. 32ff

15   So etwa der damalige baden-württembergische Ministerpräsident Hans Filbinger laut Der Spiegel, 5.12.1977, oder Bundesminister Hans Matthöfer laut Der Spiegel, 3.1.1977

sorgung führte. Fast 55 Prozent des Primärenergieverbrauchs
wurden 1974 durch Rohölimporte überwiegend aus den Opec-
Ländern gedeckt.[16]

Primärenergieverbrauch
kg SKE pro Kopf

12000

```
1 Peru
2 Türkei
3 Malaysia
4 Algerien
5 Nicaragua
6 Tunesien
7 Dominikanische Republik
```

● Vereinigte Staaten

11000

10000

● Kanada

9000

8000

● Belgien

$\ln y = a + b \ln x$

7000 ● CSSR   ● DDR

● Niederlande
6000 ● Australien
● Bundesrepublik   ● Schweden
Deutschland

● Vereinigtes
Königreich
● UdSSR
● Dänemark
5000 ● Norwegen
● Polen   ● Finnland   $\ln y = a + b x + c \ln x$
● Puerto Rico   ● Frankreich
● Bulgarien
4000 ● Trinidad u Tobago   ● Japan   ● Österreich   Schweiz
● Rumänien   ● Ungarn   ● Neuseeland
● Irland
● Italien
3000 ● Südafrika   ● Venezuela   ● Israel

● Singapur
● Griechenland
2000 ● Jugoslawien   ● Spanien
● Mexiko   ● Argentinien
● Iran
● Chile   ● Jamaika   ● Hongkong
Kuba
1000 ● Mongolisch   ● Libanon   ● Portugal   ● Saudi Arabien   ● Libyen
VR
Albanien   ● Irak   ● Uruguay
1 2   ● Panama   ● Brasilien
VR China   ● Costa Rica
Guatemala ●   ● Angola

0
0      1000      2000      3000      4000      5000      6000      7000      8000
Bruttoinlandsprodukt zu Marktpreisen in US-$ pro Kopf

*Quelle: Strohm, Friedlich in die Katastrophe, a.a.O., S. 20*

16  Erste Fortschreibung des Energieprogramms der Bundesregierung, Bonn
    1974, S. 7

**Prognosen des Primärenergie-Verbrauchs der Bundesrepublik Deutschland im Jahr 2000**

| Studien, durchgeführt von | publiziert | PEV im Jahr 2000 in Millionen t SKE |
|---|---|---|
| 1. Ingenieurbüro Fichtner (Federführung) im Auftrag des BMFT[8] | 1977 | |
| Fall «ohne Einsparung» | | 744 |
| Fall «mit Einsparung» | | 646 |
| 2. Gemeinschaftsgutachten DIW, RWI, EWI im Auftrag des BMWi zur zweiten Fortschreibung des Energieprogramms[9] | 1977 | |
| Referenzfall | | 600 |
| Alternative | | 560 |
| 3. ISP Hannover, gefördert vom BMFT[10] | 1978 | |
| Referenzszenario | | 584 |
| Alternativszenario | | 495 |
| 4. Kernforschungszentrum Karlsruhe[11] | 1979 | |
| Referenzfall | | 595 |
| Ölverbrauchsminimum | | 625 |
| 5. Deutsche Shell AG[12] | 1979 | |
| Fall: Evolution | | 513 |
| Fall: Disharmonie | | 435 |
| 6. Öko-Institut «Energiewende»[13] | 1980 | 293–300 |
| 7. Enquete-Kommission Kernenergie des Bundestags[14] | 1980 | |
| Pfad 1 | | 600 |
| Pfad 2 | | 445 |
| Pfad 3 | | 375 |
| Pfad 4 | | 345 |
| 8. Gemeinschaftsgutachten DIW, RWI, EWI im Auftrag des BMWi zur dritten Fortschreibung des Energieprogramms[15] | 1981 | 480–530 (extrapoliert) |
| 9. Deutsche Shell AG[16] | 1981 | |
| Szenario: Strukturwandel | | 436 |
| Szenario: Disharmonien | | 337 |

Zum Vergleich: Energieverbrauch 1973–1981: 380 ± 30

Mio t SKE

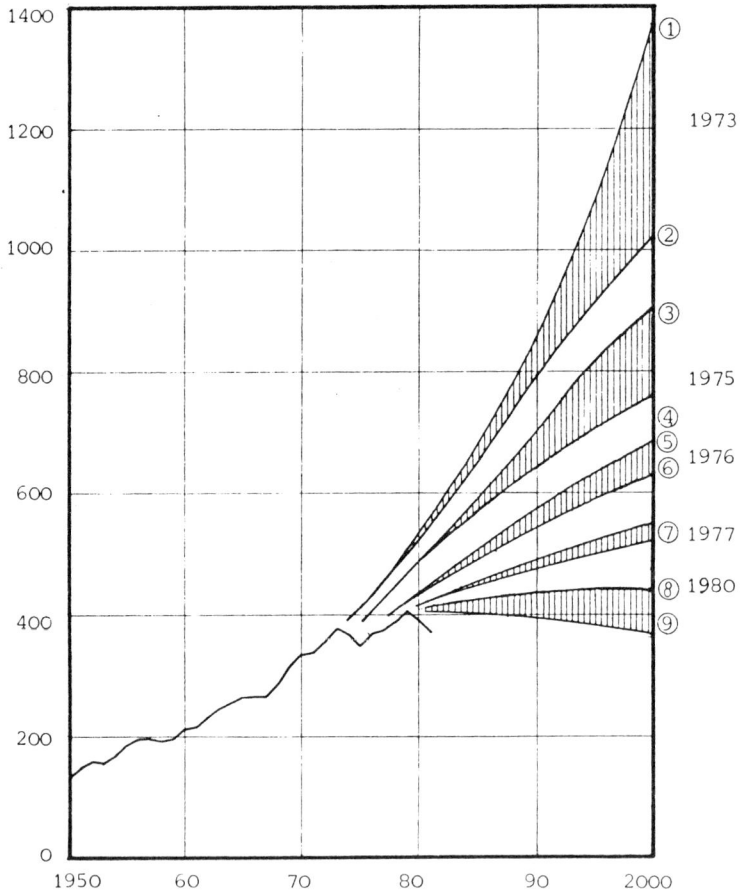

① Europäische Gemeinschaft, Protokolle der energiepolitischen Anhörung. ② Deutsches Institut für Wirtschaftsforschung, Wochenbericht 44. ③ Bundesministerium für Forschung und Technologie, Auf dem Wege zu neuen Energiesystemen, Teil 1. ④ dto., Einsatzmöglichkeiten neuer Energiesysteme, Teil 1 und (bis 1985) erste Fortschreibung des Energieprogramms der Bundesregierung. ⑤ H. J. Ziesig, Der künftige Energieverbrauch in der BRD, in: Der Bürger im Staat, 26. Jg., Heft 1. ⑥ BMFT, Technologie zur Einsparung von Energie. ⑦ Petrol Consult, Erdölinformationsdienst vom 28. 1. 1977. ⑧ Pfad 2 und ⑨ Pfad 3 der Enquete-Kommission des Bundestages, 1980.

*Quelle: Traube/Ullrich, a.a.O., S. 18*

*Vielleicht hätte der durch das Opec-Kartell im Jahr 1973 verursachte starke Anstieg der Erdölpreise gar nicht zu der verbreiteten Interpretation »knappe Energie« geführt, wäre dafür nicht der Boden vorbereitet worden durch die erst kurz vor der Ölkrise von 1973 entbrannte Diskussion um die »Grenzen des Wachstums«. Zu deren rascher Ausbreitung hatte insbesondere der 1972 erschienene Bericht an den Club of Rome beigetragen. Die dort aufgezeigte Perspektive einer allgemeinen Erschöpfung der Ressourcen bei anhaltendem Wirtschaftswachstum lenkte die Aufmerksamkeit nach dem politisch motivierten Schritt des Opec-Kartells 1973 schnell auf die Endlichkeit der Ressource Erdöl. ... Jedenfalls förderte das zeitliche Zusammentreffen der vom Club of Rome entfalteten Diskussion mit der Ölkrise ein noch heute vorherrschendes Denken in Energieressourcen als der für das Energieproblem entscheidenden Kategorie.*[17]

Die Rückbesinnung auf die Grenzen des Wachstums, etwa im Bericht an den Club of Rome, in der amerikanischen Studie »Global 2000«[18] oder auf den Mammutkonferenzen der UN[19] beförderte in der Bundesrepublik Deutschland jedoch auch die Entstehung einer Ökologiebewegung und schließlich deren organisatorische Ausformung in Bürgerinitiativen gegen Umweltzerstörung im allgemeinen und Atomkraftwerke im besonderen.

Energiepolitik, bislang eher ein Feld von Insidern, wurde zu einem beherrschenden Thema der öffentlichen Auseinandersetzung - zu einem Hauptthema der Politik.[20]

Eine erstaunliche Entwicklung, denn zuvor hatten sich die Energieversorgungsunternehmen, Politiker und Wissenschaftler mit

---

17  Traube/Ullrich, a.a.O., S. 12

18  Umweltbericht der US-Regierungsbehörden auf Grundlage der Direktive Präsident Carters vom 23. Mai 1977, deutsch: Frankfurt a.M. 39/1981

19  Die Themen waren: Umwelt (1972), Bevölkerungsentwicklung (1974 und 1982), Nahrungsversorgung (1974), Siedlungsprobleme (1976), Wasser (1977), Ausbreitung der Wüsten (1977), Wirtschaft und Technologie (1979), erneuerbare Energieressourcen (1981)

20  Rucht, a.a.O., S. 31

»psychologischen Hemmungen«[21] der Bevölkerung gegenüber der Atomenergie nur rein theoretisch beschäftigen müssen.[22] *Vereinzelte Proteste gegen den Bau atomarer Anlagen blieben bis zu Beginn der 70er Jahre unbedeutend und auf den unmittelbaren Umkreis beschränkt. Erst auf dem Hintergrund des wachsenden Umweltbewußtseins und der Herausbildung einer Bürgerinitiativbewegung konnte sich die Kontroverse um die Atomenergie kontinuierlich ausweiten.*[23] Die Kritik der AKW-Gegner konzentrierte sich auf die Gefahr der Freisetzung von Radioaktivität

- beim ordnungsgemäßen Betrieb der Anlagen als Niedrigstrahlung (deren Folgen noch heute weitgehend ungeklärt sind),
- bei Störfällen,
- bei dem nicht mit letzter Gewißheit auszuschließenden GAU (größten anzunehmenden Unfall), dem Durchschmelzen des Reaktorkerns und der Freisetzung unkontrollierter Mengen Radioaktivität,
- beim Transport ausgebrannter Brennelemente,
- bei deren Wiederaufbereitung oder/und
- bei der Endlagerung des teilweise noch tausende von Jahren strahlenden Materials.

Aber auch die Befürchtung, das enorme Gefahrenpotential der Atomwirtschaft könne zu einem staatlichen Sicherheitskonzept der verschärften Überwachung und einer Einschränkung der Freiheitsrechte führen (Atomstaat), ist Ursache des Protests.

Der öffentliche Druck bewirkte zum Teil vorübergehende Baustops für kerntechnische Anlagen. In letzter Konsequenz verhindert wurde nur der Bau des Atomkraftwerks Whyl am Kaiserstuhl. Da die Proteste aber auch von juristischen Einsprüchen und Gerichtsverfahren begleitet waren, wurde eine Reihe von Projekten verzögert. Generell erstritten die Bürgerinitiativen verbesserte Si-

---

21  Bei der Errichtung des Kernforschungszentrums Karlsruhe 1956 waren »in den angrenzenden Gemeinden erhebliche psychologische Widerstände« konstatiert worden, so: Robert Gerwin, Atomenergie in Deutschland, Düsseldorf 1964, S. 47

22  Die Zeitschrift atomwirtschaft - atomtechnik, 3/1956, warnte vor »mentalhygienischen Gefahren ..., die den Atompsychologen mit Sorge erfüllen«

23  Rucht, a.a.O., 97f

cherheitsstandards und verschärfte Auflagen für den Bau und Betrieb der Reaktoren.[24]

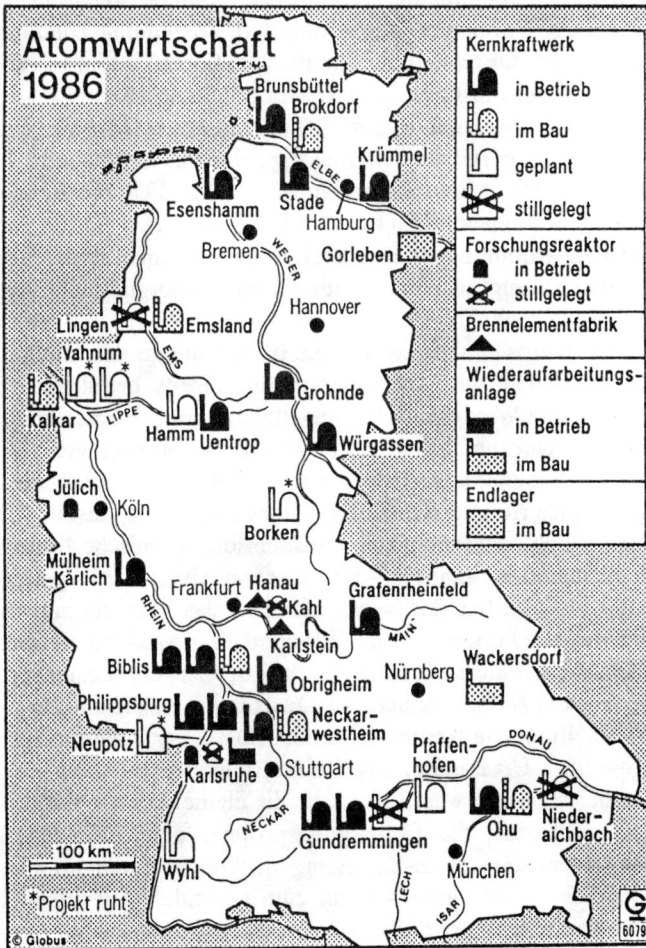

**Atomwirtschaft 1986**

Legende:

Kernkraftwerk
- in Betrieb
- im Bau
- geplant
- stillgelegt

Forschungsreaktor
- in Betrieb
- stillgelegt

Brennelementfabrik

Wiederaufarbeitungsanlage
- in Betrieb
- im Bau

Endlager
- im Bau

Orte: Brunsbüttel, Brokdorf, Krümmel, Esenshamm, Stade, Hamburg, Bremen, Gorleben, Hannover, Lingen, Emsland, Vahnum, Grohnde, Kalkar, Hamm Uentrop, Würgassen, Jülich, Köln, Borken, Mülheim-Kärlich, Frankfurt, Hanau, Kahl, Grafenrheinfeld, Karlstein, Biblis, Obrigheim, Nürnberg, Wackersdorf, Philippsburg, Neckarwestheim, Neupotz, Pfaffenhofen, Karlsruhe, Stuttgart, Wyhl, Gundremmingen, Ohu, Niederaichbach, München

100 km
*Projekt ruht
© Globus
6079

Quelle: Holger Strohm, *Was Sie nach der Reaktorkatastrophe wissen müssen*, Frankfurt a.M. 11/1986, S. 12

24  So wurde in Wyhl nach der Besetzung des Bauplatzes durch Demonstranten Ende 1974 zunächst ein Baustopp bis zum 1.11.1976 erwirkt. Am 14.3.1977 schließlich hob das Verwaltungsgericht Freiburg die Baugenehmigung vor allem unter Hinweis auf den nicht ausreichenden Berstschutz der geplanten Anlage auf.

Angesichts der entscheidenden Rolle, die der Justiz in den atom-
rechtlichen Genehmigungsverfahren zuwuchs, war vorübergehend
von der »entmündigten Politik« die Rede - Ausdruck der Befürchtung, Parlament, Regierung und Verwaltung könnten wegen
unlösbarer Interessenkonflikte die (politische) Initiative verlieren.
Vor allem die ungeklärte Entsorgungsfrage hatte zu empfindlichen Verzögerungen in den Genehmigungsverfahren geführt. Um
die politische Initiative zurückzugewinnen, verpflichtete Bundes-
kanzler Helmut Schmidt am 16. Dezember 1976 die Bundesregierung darauf, gemeinsam mit den Ländern darauf hinzuwirken, daß
die Einrichtung neuer Kernkraftwerke nur noch unter der Bedin-
gung genehmigt würde, daß für sie die Entsorgung hinreichend sichergestellt sei.[25]

Erst dieses Junktim wiederum beschleunigte den Einigungspro-
zeß zwischen den am Entsorgungskonzept beteiligten Firmen.
Obwohl die Wiederaufarbeitung abgebrannter Brennelemente und
die Endlagerung des Atommülls als das »Kernproblem der atomaren Technologie« angesehen wird[26], hatten sich zuvor die chemische Industrie und die Elektrizitätswirtschaft gegenseitig die Verantwortung zugeschoben.[27] Nachdem die chemische Industrie von
dem finanziell riskanten Auftrag schon früher zurückgetreten war
und die Betreiber der Kernkraftwerke das Problem jahrelang vor
sich hergeschoben hatten, feilschten die zwölf bundesdeutschen
Elektrizitätsunternehmen noch lange über die Lastenverteilung,
bevor sie 1977 schließlich die Deutsche Gesellschaft zur Wiederaufarbeitung von Kernbrennstoffen (DWK) gründeten.

Mit der Unternehmensgründung und der Einigung in der Fi-
nanzierungsfrage waren aber nur die elementarsten Voraussetzungen geschaffen, das Entsorgungsproblem aber noch längst nicht
gelöst. Die Anti-Atom-Bewegung machte die Endlagerung und vor
allem die Wiederaufarbeitung zum zentralen Angriffspunkt und
fand dadurch zu neuer Stärke.

Mit der Gründung der DWK war aber nur das juristische und
finanzielle Fundament für ein »integriertes Entsorgungskonzept«

---

25  Deutsche Gesellschaft für die Wiederaufarbeitung von Kernbrennstoffen
    (DWK), Zeitafel der für die Entsorgung bedeutsamen Ereignisse, Hannover
    1985
26  Rucht, a.a.O., S. 45
27  Frank Haenschke, Modell Deutschland? Die Bundesrepublik in der technolo-
    gischen Krise, Reinbek 1977, S. 104f

geschaffen. Ob es sich technisch mit der erforderlichen Sicherheit realisieren und politisch durchsetzen läßt, erscheint dagegen fraglich. Die Anti-Atomkraft-Bewegung in der Bundesrepublik machte die Endlagerung und vor allem die Wiederaufarbeitung zum zentralen Angriffspunkt und fand dadurch zu neuer Stärke. *Die Bürgerinitiativen stießen ab 1977 auf sich zunehmend formierende Gegenkräfte. Die militanten Auseinandersetzungen hatten ihrem öffentlichen Ansehen geschadet. Die ohnehin bestehenden inneren Gegensätze der Anti-Atom-Bewegung konnten durch die Konzentration auf das Entsorgungsprojekt vorerst überbrückt werden.*[28]

Als der Reaktorunfall in Tschernobyl Ende April 1986 die Öffentlichkeit aufrüttelte, war die Auseinandersetzung um die atomare Wiederaufarbeitungsanlage im bayerischen Wackersdorf längst in vollem Gange. Aber nach Tschernobyl wurde noch einmal grundsätzlich die Frage gestellt, ob die Erzeugung von Strom aus Kernenergie überhaupt zu verantworten ist. In der Bundesrepublik wurde nachdrücklich die Forderung nach einem »Ausstieg« aus der Kernenergie gestellt.

Am 28. März 1979 war im Kernkraftwerk »Three Miles Island« in Harrisburg ein Störfall aufgetreten, bei dem die Gefahr bestanden hatte, daß der Reaktor explodieren könnte. In Tschernobyl verschmolz am 26. April 1986 der Kern eines 1000 MWel Siedewasserreaktors. Der Reaktor wurde durch den Brand zerstört. Als Folge wurden radioaktive Substanzen bis nach Westeuropa getragen. Selbst in den Vereinigten Staaten wurde die Bevölkerung in einigen Gebieten, 12 000 Kilometer vom Unglücksort entfernt, in den ersten Tagen nach der Katastrophe gewarnt, in den Regen zu gehen. In der Bundesrepublik stieg die Radioaktivität vorübergehend um das 15fache.

In den südlichen Regionen Bayerns betrug die radioaktive Belastung von Weidegras mit Cäsium 137 am 10. Mai 1987 über 6000 Becquerel pro Quadratmeter. Ein Teil des Fallouts wird noch Jahrzehnte oder gar Jahrhunderte strahlen.

Monatelang waren die Meldungen über die radioaktive Belastung von Lebensmitteln für viele Bundesbürger die wichtigsten Nachrichten. Die strahlende Fracht, die mit dem Ostwind aus der Ukraine herbeiwehte, belastete vor allem die Milch. Aber auch

---

28  Rucht, a.a.O. S. 46

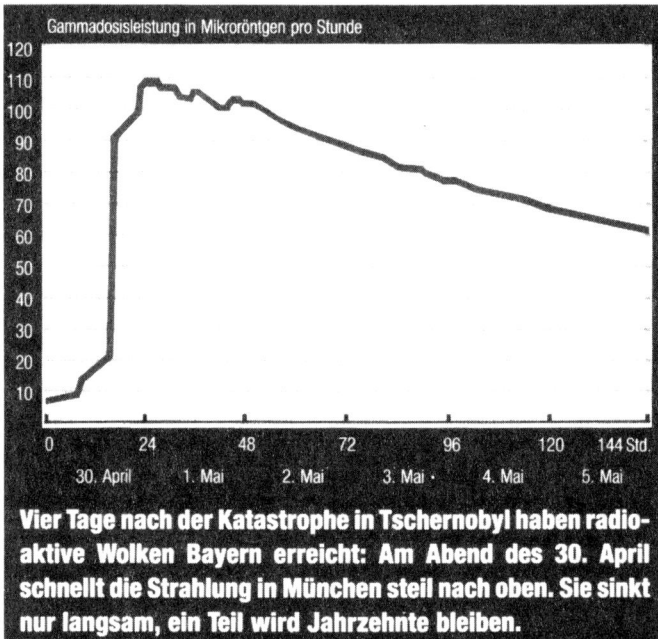

Vier Tage nach der Katastrophe in Tschernobyl haben radioaktive Wolken Bayern erreicht: Am Abend des 30. April
schnellt die Strahlung in München steil nach oben. Sie sinkt
nur langsam, ein Teil wird Jahrzehnte bleiben.

*Quelle: Natur (6/1986)*

andere Speisen wiesen extreme Radioaktivitätswerte auf. Die
Staaten der Europäischen Gemeinschaft legten einen Grenzwert
für Lebensmittel von 600 Becquerel pro Kilogramm fest, der aber
sehr umstritten war. Einzelne Wissenschaftler forderten wesentlich
niedrigere Grenzwerte.

Zum erstenmal waren die Menschen unmittelbar im Alltag mit
den Folgen einer radioaktiven Belastung dieses Ausmaßes kon-
frontiert. Das »Restrisiko«, zuvor nur ein Fachbegriff in Experten-
studien, war sinnlich erfahrbar geworden. Durch Tschernobyl
wurde das Vertrauen in die Sicherheit der Kernkraft nachhaltig
erschüttert. Erste Umfragen nach der Katastrophe machten die
Wirkung des Schocks durch den Unfall in der Ukraine deutlich. In
den USA berfürworteten nur noch 34 statt zuvor 40 Prozent der
Bevölkerung die Stromerzeugung mit Kernkraft. In Großbritannien sank der Anteil der Kernkraftbefürworter von 60 auf 40 Prozent. In der Bundesrepublik Deutschland waren nur noch 29 Prozent dafür, neue Kernkraftwerke zu bauen.

## Fallbeispiel Wiederaufarbeitungsanlage

Wie stark die Atompolitik der Bundesrepublik in der Phase seit etwa 1970 vom Protest der Bürgerinitiativen, lokaler Interessengruppen, aber auch kirchlicher, gewerkschaftlicher und parlamentarischer Gruppen beeinflußt wird, veranschaulicht die sich über Jahre hinziehende Suche nach einem geeigneten Standort für Wiederaufarbeitung und Endlagerung, die schließlich sogar in einen handfesten Konflikt mit einem befreundeten Nachbarland mündete.

Die Bundesrepublik legte sich 1979 grundsätzlich und 1985 definitiv fest auf ein »integriertes Entsorgungskonzept«. Dabei soll abgebrannter Kernbrennstoff wieder aufgearbeitet werden, so daß die Energieausnutzung beim angereicherten Uran von Leichtwasserreaktoren um 25 bis 35 Prozent und bei Schnellen Brutreaktoren gar auf das 50 1/2 bis 60fache gesteigert werden kann.[29] Theoretisch erscheint das als sehr elegante Lösung, sowohl für die Versorgung der Atomkraftwerke mit Brennelementen, als auch für die Reduzierung des Atommülls, der auf Jahrtausende hinaus sicher gelagert werden muß.

Tatsächlich aber hat eine von der Bundesregierung in Auftrag gegebene Studie die Mehrkosten der integrierten Entsorgung mit Wiederaufarbeitung auf 40 Prozent gegenüber der direkten Endlagerung veranschlagt.[30] Und aus den Brennelementen wird bei der chemischen Wiederaufarbeitung schwer handhabbares, stark strahlendes und hochgiftiges Uran und Plutonium freigesetzt.[31]

Die Suche nach einem geeigneten Standort für eine Wiederaufarbeitunganlage (WAA) gestaltete sich für die Bundesregierung überaus schwierig. Bereits 1974 waren zunächst 26 Standorte im gesamten Bundesgebiet in die engere Wahl gezogen worden. Schließlich konzentrierte sich die Suche nach einer Endlagerstätte für hochradioaktiven Müll auf das Land Niedersachsen, das zahlreiche große und geologisch relativ stabile Salzstöcke aufweist.

Überall, wo Bautrupps zu Probebohrungen anrückten, formierte sich der Widerstand von Bürgerinitiativen. Als zu Jahresbeginn 1977 bestätigt wurde, daß in Gorleben im Kreis Lüchow-Dan-

---

29 a.a.O., S. 25
30 DIE ZEIT, Hamburg, 1.2.1985, S. 25
31 Süddeutsche Zeitung, München, 14.12.1985, S. 10

neberg, nahe der Grenze zur DDR, das integrierte Entsorgungskonzept verwirklicht werden sollte, war dies das Startsignal für
eine über zwei Jahre anhaltende Schlacht zwischen Staatsmacht
und Protestgruppen. 1985 resümierte die Hamburger Wochenzei-
tung DIE ZEIT:

> *Es war Albrecht (der niedersächsische Ministerpräsident - d.*
> *Verf.), an dem 1979 der Bau einer Wiederaufarbeitungsanlage in*
> *Gorleben gescheitert ist, weil Albrecht die Anlage »in dieser Ge-*
> *neration« für politisch nicht durchsetzbar hielt. Als sich später*
> *die Länder Bayern, Hessen und Rheinland-Pfalz bereit erklärten,*
> *Standorte für kleinere Aufarbeitungsfabriken zu benennen, zog*
> *Niedersachsen nach und erklärte sich 1983 ebenfalls bereit, er-*
> *neut einen Standort zu genehmigen.*[32]

Daß die Entscheidung für einen Standort der WAA zuletzt doch
auf Wackersdorf fiel, hatte ausschließlich politische Gründe:

> *Die DWK zog Wackersdorf ... vor, weil es im Landkreis Schwan-*
> *dorf und der mittleren Oberpfalz bereits Industriestandorte gebe,*
> *die Bevölkerung an technische Großanlagen gewöhnt sei und*
> *auch die WAA nicht ablehnen werde. ... Solche Vorteile wiegen*
> *nach Ansicht der DWK Nachteile der langen Transportwege auf.*
> *(...)*
> *Auf weitere Nachteile des Taxöldner Forstes (das Baugelände in*
> *Wackersdorf - d. Verf.) verwies die Regierung der Oberpfalz in ih-*
> *rer landesplanerischen Bewertung: unter dem Bauplatz seien*
> *große Trinkwasservorräte. (...)*
> *Umstritten ist auch, ob die Naab als nächstgelegener Flußlauf*
> *die Restmengen belasteten Abwassers verkraften kann. Die*
> *größten Wiederaufarbeitungsanlagen in Europa, in Frankreich*
> *und Großbritannien, stehen am Meer - die nach Pannen und im*
> *kontinuierlichen Betrieb entweichenden radioaktiven Stoffe ver-*
> *teilen sich in der See. In Wackersdorf, wo im Jahr 200 000 Ku-*
> *bikmeter Betriebsabwässer entstehen, würden sie konzentriert auf*
> *dem Boden, im Grundwasser oder in kleinen Flüssen bleiben.*[33]

»Die politischen Verhältnisse in Bayern«, faßte DIE ZEIT zusammen, »gelten derzeit als stabiler, denn die in Niedersachsen.«

Während in Wackersdorf die bayerische Staatsregierung hart
bleibt - trotz ähnlich heftiger und teilweise auch gewalttätiger

---

32  DIE ZEIT, a.a.O., S. 26
33  Süddeutsche Zeitung, a.a.O.

Auseinandersetzungen wie im niedersächsischen Brokdorf -, tut sich ihr unvermutet eine neue Front auf.

*Quelle: Süddeutsche Zeitung, 14.12.1985*

Das Nachbarland Österreich, das sich in einer Volksabstimmung gegen die Kernenergie entschieden und seinen einzigen, kurz vor der Inbetriebnahme stehenden Atomreaktor Zwentendorf an der Donau eingemottet hat, fürchtet nun die Emissionen der Wiederaufarbeitungsanlage in der nahegelegenen Oberpfalz.

*Als Speerspitze des wachsenden österreichischen Widerstands gegen die Wiederaufarbeitungsanlage im bayerischen Wackersdorf fühlt sich das zweitkleinste österreichische Bundesland Vorarlberg. Die Landesregierung hat sich jetzt entschlossen, den an der Universität München lehrenden Völkerrechtler Professor Bruno Simma ein Gutachten erarbeiten zu lassen, in dem die juristischen Möglichkeiten Österreichs im Kampf gegen Wackersdorf untersucht werden sollen.*

*(...)*

*Mit dem Auftrag an den Münchner Völkerrechtler wärmt Vorarlberg eine alte Beziehung wieder auf. Simma hatte bereits 1973 eine Stellungnahme vorgelegt, in der Vorarlbergs Möglichkeiten untersucht wurden, gegen das in der Schweiz geplante Kernkraftwerk Rüthi vorzugehen. Rüthi wurde schließlich, unter anderem des massiven Widerstands aus Österreich wegen, nicht gebaut.*[34]

---

34  Süddeutsche Zeitung, 27.5.1986

Der grenzübergreifende Protest könnte die Bundesrepublik in Argumentationsnot bringen. Denn deutsche Behörden haben ihrerseits mit Eingaben und juristischen Schritten die Inbetriebnahme des 1300-Megawatt-Reaktors im französischen Cattenom zu verhindern versucht - ebenfalls aufgrund von sicherheitstechnischen Einwänden und unter Hinweis auf die Betroffenheit der deutschen Grenzregion bei Störfällen.

Vorläufiger Höhepunkt des bayerisch-österreichischen Zwists waren die wiederholten Einreiseverweigerungen für österreichische Atomkraftgegner im Sommer 1986, die an Demonstrationen in Bayern hatten teilnehmen wollen und bei der Anreise an den Grenzkontrollen zurückgehalten wurden. Nicht nur im Münchner Landtag führte das zu heftigen Debatten zwischen der regierenden CSU und den Oppositionsparteien, auch im Europaparlament wurde daraufhin Kritik laut.

# 7. Wasser

Die Wasserwirtschaft umfaßt einen weiten Bereich. Der Deutsche Normenausschuß definiert sie als »die zielbewußte Ordnung aller menschlichen Einwirkungen auf das ober- und unterirdische Wasser«. Diese Definition umfaßt sowohl die Nutzung als auch die Verschmutzung des Wassers durch den Menschen; sie kann auch so verstanden werden, daß die Wasserwirtschaft den Menschen vor dem Wasser schützen soll. In diesem Sinne war die Wasserwirtschaft zunächst entstanden als Hochwasserkontrolle, Eindeichung, Fluß- und Bachregulierung. Neben dieser Regulierung gibt es die Wassermengenwirtschaft und die Wassergütekontrolle.

*Die Bundesrepublik Deutschland ist ein wasserreiches Land. Im Gegensatz zu zahlreichen anderen Ländern, ist die Sicherung einer ausreichenden Wasserversorgung für alle Nutzungen eigentlich kein Problem. Nur bei ernsthafter Mißwirtschaft können Schwierigkeiten auftreten, etwa durch Verschwendung oder übermäßige Verschmutzung des Wassers.*

*Im langjährigen Mittel (1931-1960) beträgt die jährliche Niederschlagshöhe im Bundesgebiet 837 Millimeter pro Jahr (mm/a) (rund 208 Milliarden Kubikmeter). Sie schwankt zwischen Werten von über 2500 mm/a am Alpenrand und von 500 mm/a im nördlichen Teil des Rheintalgrabens. Nach Abzug der Verdunstungsverluste von 519 mm/a (129 Milliarden Kubikmeter) verbleibt eine Abflußmenge von 318 mm/a (70 Milliarden Kubikmeter), die von der Fläche der Bundesrepublik ober- oder unterirdisch zum Meer gelangt. Zu dieser Abflußmenge kommen die Zuflüsse der Oberliegerstaaten, die - bezogen auf die gesamte Fläche der Bundesrepublik Deutschland - circa 334 mm/a (82 Milliarden Kubikmeter) betragen. Damit steht theoretisch ein durchschnittliches Wasserdargebot (Abfluß und Zufluß) von rund 652 mm/a (161 Milliarden Kubikmeter) für die Bundesrepublik Deutschland zur Verfügung. Diese Zahl stellt allerdings nur eine rechnerische Größe dar und gibt nicht das tatsächlich nutzbare Wasserdargebot wieder.*[1]

Ohne die in den letzten zehn Jahren ergriffenen Maßnahmen zum Gewässerschutz gebe es inzwischen in der Bundesrepublik Deutschland Gegenden mit ernsthaften Versorgungsschwierigkeiten für Wasser, insbesondere in den stark industrialisierten Gebieten, wo die Wasserverschmutzung bereits Ende der sechziger Jahre dramatische Formen angenommen hat.

Die Bereitstellung von Wasser ist jedoch in der Bundesrepublik Deutschland zur Zeit ein überwiegend technisches Problem, das heißt der Aufbau und Unterhalt eines Systems für die Wasserverteilung sowie für die Abwasserreinigung.

**Entwicklung der öffentlichen Abwasserbeseitigung**

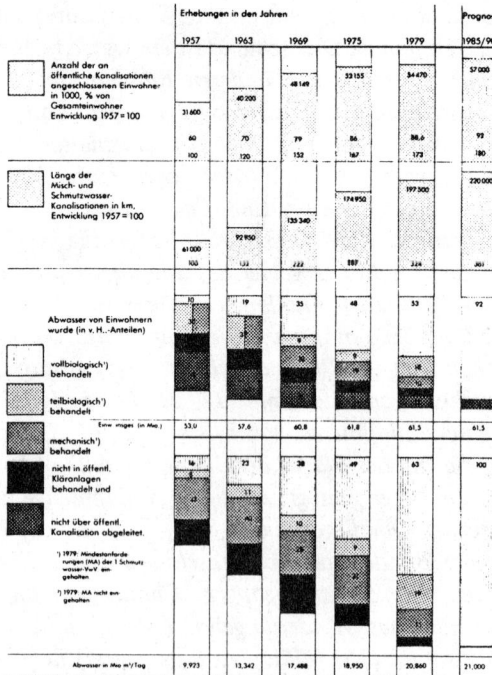

| | Erhebungen in den Jahren | | | | | Prognose |
|---|---|---|---|---|---|---|
| | 1957 | 1963 | 1969 | 1975 | 1979 | 1985/90 |
| Anzahl der an öffentliche Kanalisationen angeschlossenen Einwohner in 1000, % von Gesamteinwohner Entwicklung 1957 = 100 | 31 600 | 40 200 | 48 149 | 53 155 | 54 470 | 57 000 |
| | | | 60 / 70 / 79 | 86 | 38,6 | 92 |
| | 100 | 120 | 132 | 167 | 173 | 180 |
| Länge der Misch- und Schmutzwasser-Kanalisationen in km, Entwicklung 1957 = 100 | 61 000 | 92 950 | 135 340 | 174 950 | 197 500 | 220 000 |
| | 100 | 152 | 222 | 287 | 324 | 361 |

Quelle: Korrespondenz Abwasser, 10/1983

---

1 Günter Hartkopf, Eberhard Bohne, Umweltpolitik: Grundlagen, Analysen und Perspektiven, Opladen 1983, S. 338-339

Die Kehrseite der Wasserversorgung ist die Abwasserbeseitigung. Hier gilt es, stufenweise alle erheblichen Ableitungen zu erfassen und dafür zu sorgen, daß diese nicht unbehandelt wieder in die Gewässer gelangen. Unterschieden wird dabei zwischen zwei Formen der Behandlung: einer mechanischen (bei der Rechen, Absetzbecken und dergleichen die festen Schmutzstoffe erfaßt werden - Abwässer enthalten zahlreiche Brocken und feste Bestandteile) und der biologischen (bei der durch Mikroorganismen organische Stoffe aus dem Wasser entfernt werden). Speziell verschmutzte Industrieabwässer erfordern zuweilen auch noch eine chemische Behandlung. Das Ziel, bis 1985 90 Prozent der Bevölkerung an eine vollbiologische Abwasserreinigung anzuschließen, wurde nicht erreicht.

*Es gab im Jahre 1982 immer noch Großstädte und andere Gemeinden, wo nur rd. 10-20% oder noch weniger des im kommunalen Kanalnetz gesammelten Abwassers vollbiologisch behandelt wurden. Darüber hinaus sind bereits zahlreiche vollbiologische kommunale Kläranlagen völlig überlastet und in ihrer Reinigungskraft gemindert. Der Investitionsbedarf im kommunalen Abwasserwesen wird auf ca. 40 Mrd. DM geschätzt.*[2]

Es gibt in der Bundesrepublik Deutschland weiterhin zahlreiche Probleme im Bereich der Wasserqualität. Diese hängen in erheblichem Maß mit der geographischen Lage sowie in einigen Regionen mit der intensiven Nutzung des vorhandenen Wassers zusammen.

Vier große Flußsysteme bestimmen den Wasserhaushalt der Bundesrepublik Deutschland: der Rhein, die Weser, die Elbe und die Donau. Das gesamte Gebiet der Bundesrepublik liegt in diesen vier großen Wasserbecken, die zugleich für einnen bedeutenden Teil des europäischen Kontinents bestimmend sind.

Während in anderen Ländern die Wasserwirtschaft nach Wasserbecken organisiert wurde, ist dieser Ansatz in der Bundesrepublik nicht möglich. In keinem der vier Wasserbecken kann man alleine entscheiden, und in nur einem den vorherrschenden Einfluß beanspruchen. In Fragen des Wassers besteht für die Bundesrepublik Deutschland notwendigerweise eine enge, zuletzt durch die zentrale Lage auf dem europäischen Kontinent bedingte Verflechtung mit anderen Staaten. Dabei ist die Bundesrepublik

---

2 Hartkopf, Bohne, a.a.O., S. 345

»Unterlieger« an Elbe und Weser, das heißt, diese Flüsse fließen aus anderen Staaten in die Bundesrepublik und münden dort ins Meer, und »Oberlieger« an Rhein und Donau.

Als Unterlieger erleidet die Bundesrepublik die Verschmutzung der betreffenden Flüsse durch andere Länder, als Oberlieger ist die Beziehung umgekehrt. Die relative Lage am Fluß bestimmt weitgehend die Interessenlage in Fragen der Wasserwirtschaft. Ein typisches Unterliegerland wie die Niederlande wird sich stets über die Verschmutzung der Oberlieger zu beklagen haben und auf mehr Schutzmaßnahmen dringen; ein Oberliegerland wie die Schweiz wird relativ unbekümmert in den noch unverschmutzten Strom einleiten und auf die leichte Gesamtverschmutzung hinweisen. Die Bundesrepublik Deutschland ist eines der wenigen Länder der Erde, welches sowohl Ober- als auch Unterlieger zugleich ist.

Der *Rhein* ist gewissermaßen ein Symbol der internationalen Zusammenarbeit auf dem Gebiet des Umweltschutzes. Die Belastungen des Rheins sind außerordentlich hoch: im Bereich des Rheins leben mehr als 30 Millionen Menschen, von denen 22 Millionen ihr Trinkwasser aus dem Strom beziehen. Sie leiten ihre Abwässer (meistens, aber nicht immer, über eine Kläranlage) in den Rhein. Im Rheinbecken liegt ein großer Teil der Industrie der Bundesrepublik sowie die gesamte niederländische, ein Teil der französischen sowie der schweizerischen Industrie; Belgien, Österreich und Luxemburg sind ebenfalls durch das Geschehen am Rhein beeinflußt. Es gibt keine genauen Schätzungen dieses Industriepotentials, aber der Rhein ist vermutlich im Verhältnis zu seiner Größe der am intensivsten genutzte Strom der Welt. Schließlich ist der Rhein eine wichtige Verkehrsachse, sowohl für den Schiffs- als auch für den Eisenbahnverkehr; der Straßenverkehr ist inzwischen aus dem Rheintal auf die angrenzenden Höhen verlegt worden.

In Fragen des Rheins sind sechs Länder betroffen, die alle Mitglieder des Europarats sind; dennoch ist in diesem Gremium kaum konkret über Probleme des Rheins verhandelt worden. Seit 1963 besteht eine internationale Kommission für die Verschmutzung des Rheins, die aus Regierungsvertretern der beteiligten Staaten sowie der Europäischen Gemeinschaft besteht. Über die Tätigkeit dieser Kommission ist nur wenig zu erfahren, da sie nicht öffentlich tagt, aber im Dezember 1976 wurden zwei Abkommen verabschiedet, die sich mit der Verschmutzung des Rheins durch Salz und durch chemische Stoffe befassen.

Insgesamt ist in den letzten fünf Jahren in zahlreichen Bereichen des Rheins eine deutliche Verbesserung eingetreten, nachdem die Verschmutzung jahrelang nahezu ungehindert zugenommen hatte. (Siehe Anschlußkapitel Fallbeispiel Rheinverschmutzung)

Ein besonderes Problem bildet am Rhein das Salz. Es gibt Flüsse, die eine größere Verunreinigung durch Salz aufweisen (zum Beispiel die Weser), aber am Rhein ist das Salz der intensiven Nutzung, des Fehlens alternativer Quellen und der Auswirkungen auf die sehr intensive niederländische Gärtnerei wegen besonders problematisch. Das Abkommen von 1976 sah eine Verringerung der Salzeinleitungen in Frankreich vor, wodurch die übrigen Anliegerstaaten hofften, ihre Einleitungen unvermindert beibehalten zu können. Aus diesem Grund waren die verschiedenen Staaten auch bereit, einen finanziellen Beitrag zur Verminderung der Salzeinleitungen zu leisten, eine bislang seltene Form internationaler Zusammenarbeit auf dem Gebiet des Umweltschutzes. Leider gelang Frankreich erst Ende 1983 die Ratifizierung dieses Abkommens, so daß die erforderlichen Maßnahmen noch nicht ergriffen worden sind.

*Salz im Trinkwasser und das Gewürz gilt als eine Ursache für Bluthochdruck.*

*Salz kann Schwermetalle aus den Leitungen lösen: Systematische Trinkwasseruntersuchungen ergaben in der Bundesrepublik bei 11,6 Prozent aller Proben Überschreitungen für Blei, bei 9,5 Prozent für Cadmium, bei 3,8 Prozent für Zink.*

*Salz kann, weil es neben Chlorid auch Bromid enthält, bei der Chlorierung des Trinkwassers in Gegenwart organischer Verunreinigungen zu bromhaltigen Trihalomethanen (THM) reagieren, Bromoform zum Beispiel, ein Stoff, der von den Toxikologen als krebsverdächtig eingestuft wird. Das Trinkwasser in den Städten am Rhein weist einen durchschnittlichen Bromoform-Gehalt von rund vier Mikrogramm pro Liter auf, andernorts in der Bundesrepublik liegen die Werte weit unter 0,5 Mikrogramm.*[3]

Die *Weser* ist ein »deutsch-deutsches« Problem, das heißt sie betrifft nur die Bundesrepublik Deutschland und die Deutsche Demokratische Republik. Wichtigste Quelle der Verschmutzung ist

---

3 Koch, Vahrenholt, a.a.O., S. 60-61

die Industrie und vor allen Dingen der Kalibergbau in der Deutschen Demokratischen Republik. So ist die Weser an der innerdeutschen Grenze stark verschmutzt, vor allen Dingen mit Salzen. Bislang ist hierfür trotz langwieriger Verhandlungen keine Lösung gefunden worden. Während die Bundesrepublik Deutschland am Rhein der Hauptverursacher von Verschmutzung ist, befindet sie sich an der Weser in der Rolle des Leidtragenden.

*In Bremen konnten bis 1965 noch zwei Drittel des Trinkwassers aus der Weser gewonnen werden - vor 1935 kam es sogar nur aus der Weser -, 1977 waren es keine 20 Prozent mehr. Neueste Pläne sprechen von einem völligen Verzicht auf Weserwasser. Die Kosten für den dazu notwendigen Bau von Fernleitungen und Wasserbecken werden sich auf über 100 Millionen DM belaufen. Schon jetzt beträgt in Bremen der Mehraufwand für die Beschaffung salzarmen Trinkwassers pro Jahr etwa 10 Millionen DM, und dabei steigt der Salzgehalt immer noch weiter.*

*Im gesamten Einzugsgebiet der Weser mehren sich entsprechende Klagen. Kein Wunder, denn das Grundwasser ist auf beiden Seiten der Weser 400 m weit versalzen, im Bereich von Stauseen noch wesentlich weiter. Die Wirkung dieser Versalzung spürt man sogar noch in versalzten Gebieten: Entnimmt man in größerer Entfernung Grundwasser, so wird das versalzene Wasser angesaugt. Deshalb darf die Förderleistung nicht zu hoch sein, die abgepumpte Wassermenge muß der Grundwasserneubildung entsprechen. Das bedeutet, daß schon heute viele Brunnen wesentlich weniger fördern, als möglich wäre.*[4]

Die *Elbe* betrifft neben der Bundesrepublik Deutschland und der Deutschen Demokratischen Republik auch Polen und die Tschechoslowakei. Für die drei Oberlieger ist sie zudem ein wichtiger Transportweg. Die Elbe ist an der Grenze zwischen der Bundesrepublik und der DDR stark verschmutzt, allerdings mehr durch allgemeine Einleitungen aus Industrie und Haushalten als durch Salze. Auch hier erleidet die Bundesrepublik Deutschland die Verschmutzung anderer Länder, obwohl auch hier wieder die

---

4  Martin Böhme, »Versalzung von Gewässern«, in: Hartmut Bossel u.a. (Hrsg.), Wasser. Wie ein Element verschmutzt wird. Umfassende Darstellung der Fakten, Trends und Gefahren, Magazin Brennpunkte 24, Frankfurt a.M. 1982, S. 176, 180

Stadt Hamburg einen großen Beitrag zur Schmutzfracht leistet, die letztlich in die Nordsee eingetragen wird.

Die *Donau* ist für Osteuropa, was der Rhein für Westeuropa ist: ein Bindeglied und die Quelle großer Probleme zugleich. In diesem Fall ist die Bundesrepublik wieder Oberlieger.

*Die Gewässergüte einiger Flüsse (in Bayern) hat sich - Folge des Baus erweiterter biologischer Kläranlagen - in den letzten Jahren verbessert. Dies gilt für den Main unterhalb von Bayreuth, die Donau zwischen Kehlheim und Regensburg, sowie von Deggendorf flußaufwärts, den Regen, den Lech bei Augsburg und den Inn nördlich von Rosenheim. Die Donauzuflüsse Iller, Isar und Naab hingegen haben sich kaum verändert. Sie sind noch immer ,mäßig belastet' bis ,stark verschmutzt'. Kaum besser geworden ist der bayerische Fluß mit dem höchsten Verschmutzungsgrad: Von der österreichischen Grenze an ist die Salzach biologisch verödet. Die österreichischen Zellstoffwerke Hallein und die Stadt Salzburg mißbrauchen den Fluß als Abwasserkanal.*[5]

Das zentrale Problem der Gewässergütepolitik ist, inwieweit die natürliche Belastbarkeit von Gewässern genutzt und wie diese Nutzung unter den verschiedenen Anliegern verteilt wird. Die Fähigkeit des Wassers, sich selbst zu reinigen bedeutet, daß eingeleitete organische Stoffe nach einer bestimmten Zeit ganz schadlos gemacht werden können. Solange die natürliche Selbstreinigungsfähigkeit nicht überschritten wird, kann man organische Stoffe in Gewässer einleiten. Gut geführte Kläranlagen können diese Verunreinigungen auch beseitigen. Anorganische Stoffe, vor allen Dingen Schwermetalle und Abfallprodukte der chemischen Industrie, schaffen in jedem Fall Probleme.

Der nutzungsorientierte Umgang mit natürlichen Ressourcen führt dazu, daß Schutzmaßnahmen erst dann ergriffen werden, wenn eine bestimmte Nutzungsart eine andere unmöglich macht. Die Abwässer einer großen Stadt oder eines großen Industriebetriebes sind selbst in einem großen Strom wie dem Rhein zuweilen noch 200 Kilometer entfernt zu spüren. Obwohl viele Abwässer durch die natürliche Reinigungskraft des Wassers unschädlich gemacht werden, können andere Nutzungen dadurch unmöglich werden: man kann nicht baden, Fische werden geschädigt, die

---

5  Koch, Vahrenholt, a.a.O., S. 407-409

Trinkwasseraufbereitung wird erschwert, andere Nutzer können kein Wasser entnehmen oder einleiten.

Die Gewässergütepolitik muß zwei Ziele verfolgen: auf der gesamten Länge eines Flusses oder in einem anderen Gewässer muß die Wasserqualität zumindest alle erforderlichen Nutzungen zulassen und darüber hinaus den Erfordernissen des Tier- und Pflanzenlebens genügen, zugleich sind die Lasten der Reinhaltung gerecht unter den verschiedenen Nutzern zu verteilen.

In den letzten 30 Jahren ist die Rheinfischerei praktisch unmöglich geworden, und das Schwimmen wird nicht mehr gestattet. Beide Tätigkeiten werden auf längere Zeit am Rhein nicht mehr möglich sein. Aber menschliche Nutzung ist nicht alleiniges Ziel der Gewässergütepolitik; ein verschmutztes Gewässer ist nicht nur nicht mehr nutzbar, es stellt einen ökologischen Schaden dar, der nach neuerem Kenntnisstand nicht mehr zu tolerieren ist: die Sedimente reichern sich allmählich mit Schwermetallen an, Vögel können das Wasser nicht mehr nutzen, Insekten und andere Tiere werden verdrängt; das Grundwasser wird, wie am Beispiel der Weser geschildert, auch um den Strom herum verschmutzt.

Die beiden Ziele der Gewässergütepolitik (gleichmäßige Wasserqualität und gerechte Kostenverteilung) können sich in der Praxis widersprechen. Bei gleichmäßiger Kostenbelastung (gewöhnlich erzielt durch die Begrenzung von Einleitungen und das Erheben von Abgaben, in der Bundesrepublik Wasserabgabe genannt) können einige Gewässer überbelastet bleiben, andere hingegen sind nicht sinnvoll genutzt. Unter dem Gesichtspunkt des Umweltschutzes ist es sicherlich vorzuziehen, Gewässer ihrer Nutzung entsprechend so gut wie möglich zu schützen, selbst wenn dadurch ungleiche Kosten entstehen: wer in ein stark belastetes Gewässer einleitet, hat dann höhere Lasten zu tragen als wer in ein weniger belastetes einleitet, beziehungsweise wer in einen Fluß einleitet, der auch Erholungszwecken dient, hat höhere Lasten zu tragen als an einem Fluß mit ausschließlich industrieller Nutzung.

In der Bundesrepublik Deutschland wird überwiegend das System der Emissionsnormen in Verbindung mit Abwasserabgaben verwendet. Einleitungen aus vergleichbaren Quellen unterliegen etwa der gleichen Kostenbelastung, unabhängig von der Qualität des empfangenen Gewässers. Sowohl zwischen den Bundesländern als auch zwischen der Bundesrepublik und ihren zahlreichen Nachbarn bestünden sonst Schwierigkeiten, die Nutzung verschiedener Gewässer über vielfältige politische Grenzen hinweg abzustimmen.

Der Gewässerschutz hat nicht allein mit den sogenannten Oberflächengewässern (Flüssen und Seen) zu tun; er erstreckt sich gleichermaßen auf Grundwasser und das Meer. Der Schutz des Grundwassers steckt noch in den Anfängen. Er wird in den kommenden Jahren einschneidende Maßnahmen erfordern. Auch hier erweist sich, daß Umweltschutzmaßnahmen ohne genügende Berücksichtigung der ökologischen Gegebenheiten ergriffen worden sind: der Schutz der sichtbaren (Oberflächen)gewässer hat die unsichtbaren Folgen der Boden- und Gewässerverschmutzung für das Grundwasser nicht genügend beachtet. Vor allen Dingen kann das Grundwasser nicht einfach durch Maßnahmen für eine begrenzte Anzahl von Einleitern oder durch Sammeln und Behandeln von Abwässern geschützt werden. Die Quelllen der Verschmutzung sind weit verbreitet und bislang noch nicht hinlänglich erfaßt.

In der Bundesrepublik Deutschland wurden in den vergangenen Jahren vor allem Grundwasserverunreinigungen mit Nitrat (Folge der übermäßigen Düngung in Landwirtschaft und Weinbau) sowie mit chlorierten Kohlenwasserstoffen festgestellt, die als Lösemittel in metallbearbeitenden Betrieben und in chemischen Reinigungen eingesetzt werden. Auch die zunehmende Belastung mit Pestiziden macht den Wasserwerken große Sorgen. Vor allem das im Maisanbau verwendete Unkrautvertilgungsmittel Atrazin wird immer häufiger in Proben von Grund- und Trinkwasserbrunnen nachgewiesen. Für viele der sogenannten Pflanzenschutzmittel und ihre Metaboliten gebit es noch keine Analyseverfahren, um sie überhaupt im Wasser für den menschlichen Verzehr aufspüren zu können.

Der Deutsche Verein des Gas- und Wasserfachs - ein Zusammenschluß der halbstaatlich organisierten bundesdeutschen Wasserwerke - fordert mit zunehmender Schärfe einen besseren Schutz des Grundwassers.

*Insbesondere im Einzugsbereich von Grundwassergewinnungsanlagen sollen gesundheitsgefährdende oder die Qualität des Grundwassers beeinträchtigende Stoffe und Organismen vom Grundwasser ferngehalten, nachteilige Temperaturveränderun-*

*gen des Grundwassers vermieden und das nutzbare Dargebot der Grundwasservorkommen erhalten werden.*[6]

Neue, auch in der Bundesrepublik umstrittene Wege geht das Land Baden-Württemberg. Um die zunehmende Nitrat-Belastung einzudämmen, sollen die Verbraucher einen »Wasserpfennig«, einen höheren Preis für das aus der Leitung entnommene Wasser, bezahlen. Mit dem Mehrerlös soll den Bauern ein Ausgleich für die Ertrags- und Einkommensverluste gezahlt werden, die sie erleiden, wenn sie auf einen Teil der sonst üblichen Düngung verzichten. Umweltschutzverbände fordern demgegenüber ein generelles Verbot schädlicher landwirtschaftlicher Praktiken und Umweltchemikalien.

Alle Oberflächengewässer führen letztlich zum Meer, mitsamt der verbleibenden Schmutzfracht. Für die Bundesrepublik Deutschland bedeutet dieses in erster Linie die Nordsee, für den Süden jedoch das Schwarze Meer.

Die Nordsee ist ein fast offenes Meer mit bedeutender Tiefe und starker Strömung. Ihre Aufnahmefähigkeit für Abfall- und Schadstoffe erschien zunächst unbegrenzt, zumindest jedoch sehr viel größer als die ihr zugemuteten Belastungen. Doch die gegenwärtige Umweltverschmutzung in Europa hat ein Ausmaß angenommen, das selbst die Nordsee nicht verkraftet. Inzwischen sind weite Gebiete dieses Meeres, vor allen Dingen natürlich die Küstengebiete, durch Öl und chemische Stoffe - Schwermetalle - bedroht; Fische zeigen zunehmend Nekrosen, das heißt bösartige Veränderungen der Haut.

Die empfindlichsten Gebiete - die Küsten - erfahren die größte Belastung, wobei insbesondere das Wattenmeer an der niederländischen, deutschen und dänischen Küste gefährdet ist. Das Wattenmeer ist ein breiter Küstenstreifen, der bei Flut unter Wasser, bei Ebbe jedoch freiliegt. Das Wattenmeer ist ein sogenanntes Feuchtgebiet, an der Grenze zwischen Wasser und Land. Feuchtgebiete sind Brutstätte zahlreicher Fischsorten sowie Aufenthaltsort und Nahrungsquelle für einen bedeutenden Teil der europäischen Vogelwelt. Die Küstengebiete sind deshalb ökologisch besonders wichtig. Auch die Nordsee wird somit zunehmend zu

---

6 Bundesministerium des Innern (Hrsg.), erarbeitet vom Umweltbundesamt, Was Sie schon immer über Wasser und Umwelt wissen wollten, Stuttgart 1984, S. 83

einem Problem der europäischen Umweltpolitik, und keiner der Anliegerstaaten kann die Probleme der Nordsee alleine lösen.

**Geschätzter Schwermetalleintrag in die Nordsee (für Blei, Kupfer, Chrom und Cadmium)**

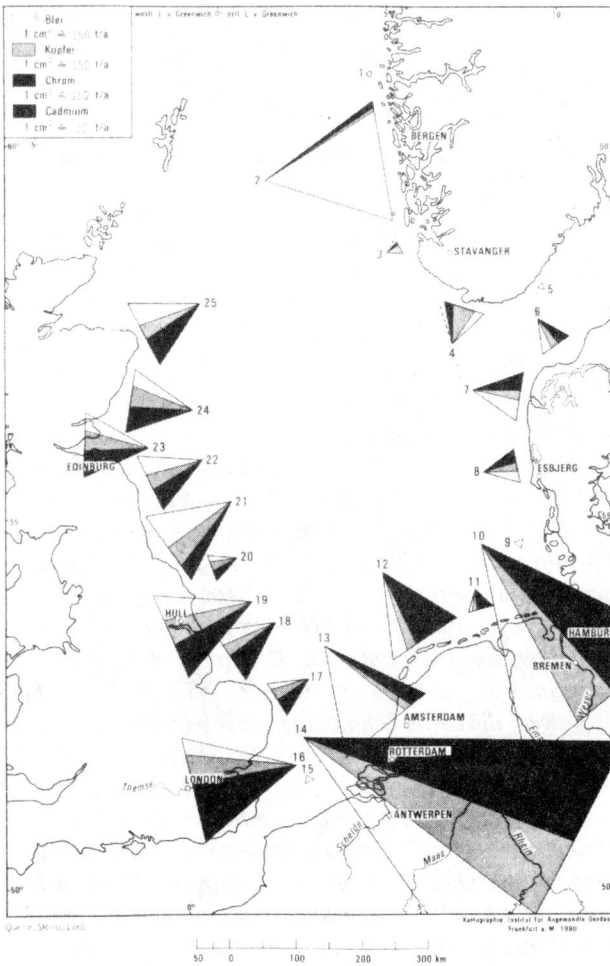

*Quelle: Sachverständigenrat für Umweltfragen, Umweltprobleme der Nordsee, Sondergutachten 1980, Stuttgart 1980, S. 107*

**Geschätzter Gesamteintrag von Stoffen in die Nordsee (in Tonnen pro Jahr)**

| Eintragung über | BSB | N | P | Cu | Zn | Pb | Cr | Cd | Ni | Hg |
|---|---|---|---|---|---|---|---|---|---|---|
| Luft | – | – | – | 3450 | 10750 | 4500 | 720 | 530 | 1650 | 6 |
| Flüsse | 640 000 | 840 000 | 90 000 | 1950 | 13840 | 2430 | 1820 | 280 | 1620 | 30 |
| Direkteinleitung | 440 000 | 120 000 | 30 000 | 310 | 5 570 | 560 | 210 | 20 | 310 | 6 |
| Klärschlammverklappung | 60 000 | 10 000 | 3 000 | 120 | 390 | 110 | 60 | 10 | 60 | 3 |
| Abfalleinbringung | – | – | – | 190 | 520 | 240 | 20 | < 0,4 | 100 | < 0,4 |
| Insgesamt | 1 140 000 | 970 000 | 123 000 | 6 020 | 31 070 | 7 840 | 2 830 | 840 | 3 740 | 45 |

BSB = Biochemischer Sauerstoffbedarf, N = Gesamt-Stickstoff, P = Gesamt-Phosphor, Cu = Kupfer, Zn = Zink, Pb = Blei, Cr = Chrom, Cd = Cadmium, Ni = Nickel, Hg = Quecksilber, – = keine Daten vorhanden

*Quelle: 10. Bericht der »Royal Commission on Environmental Pollution«, Februar 1984*

*Im Juni 1980 legte der Rat von Sachverständigen für Umweltschutz ein 500 Seiten starkes Sondergutachten über »Umweltprobleme der Nordsee« vor. Fazit: Jahrzehntelang habe der Politik der Anrainerstaaten die Einschätzung zugrunde gelegen, das Meer enthalte soviel Wasser, da spiele zusätzliches Abwasser gar keine Rolle, könne man die Nordsee »ohne Schaden als Müllgrube verwenden«.*

*Indes, die Abfallmengen wurden genauso unterschätzt wie die natürlichen Austauschprozesse überschätzt; in der Deutschen Bucht, also dort, wo Tourismus, Naturschutz und Abfallbeseitigung am meisten miteinander im Konflikt liegen, dauert es immerhin drei Jahre bis sich das Wasser komplett erneuert hat. Schon die Auflistung von Schmutz und Dreck, den Deutsche, Holländer, Belgier, Franzosen, Dänen, Engländer und Skandinavier ins Meer pumpen oder schütten, gibt eine Vorstellung über die Folgen, die derlei Schindluder einst zeigen wird:*

*\* Elbe, Weser und Ems schieben häusliche Abwässer, die zum Beispiel aus Hamburg und Bremen noch immer unzureichend geklärt in die Flüsse gepumpt werden, in die Deutsche Bucht, jährlich etwa 100 000 Tonnen Stickstoff und annähernd 15 000 Tonnen Phosphat. Alles in allem muß die Nordsee in jedem Jahr über 300 000 Tonnen Stickstoff und 40 000 Tonnen Phosphat schlucken. Seit den fünfziger Jahren stiegen die Phosphat-Konzentrationen im Bereich der inneren Deutschen Bucht um das Drei- bis Fünffache.*

*\* Wind und Wetter sowie die Flüsse tragen den größten Teil der Schwermetall-Frachten aus den Industriestaaten Mitteleuropas ins Meer: jährlich über 31 000 Tonnen Zink, 7700 Tonnen Blei, 5900 Tonnen Kupfer, 3700 Tonnen Nickel, 2900 Tonnen Chrom, 840 Tonnen Cadmium und 44 Tonnen Quecksilber.*

*\* Bis zu 8 Millionen Tonnen Industriemüll dürfen jährlich ins Meer gekippt werden, etwa ein Drittel davon ist Dünnsäure aus der Titandioxid-Produktion. Überdies werden über 60 000 Tonnen chlorierter Kohlenwasserstoffe auf hoher See verbrannt.*

*\* Zwischen 400 000 und 600 000 Tonnen Öl schwappen pro Jahr in Nordsee und Nordatlantik, aus Raffinerien, Bohrplattformen und Pipelines, aus Häfen und Industriebetrieben, restliches Schweröl aus Tankern.*[7]

Die Bundesrepublik Deutschland liegt im zentralen Bereich Europas. Das wirkt sich nicht nur politisch aus; es ist gleichermaßen für die ökologischen Zusammenhänge bestimmend. Kein anderes Land Westeuropas ist derart mit seinen Nachbarn verflochten: alle Flüsse fließen über die Grenzen und der Wind weht in der Tat »wo er will«. Zugleich ist die Bundesrepublik Deutschland das größte Industrieland Europas und somit Verursacher der größten Umweltverschmutzung. Kaum ein anderes Land tut mehr für den Umweltschutz - aber trotzdem hat kaum ein anderes westliches Land vergleichbar belastete Gewässer. Auf dem Gebiet der Gewässerpolitik haben es nur die Niederlande noch schwerer - und das vor allen Dingen der Oberliegerstaaten Bundesrepublik Deutschland und Belgien wegen. Alle anderen Länder genießen bei geringerem Aufwand reinere Gewässer.

## Fallbeispiel Rheinverschmutzung

In Europa sind mehr als 20 Millionen Menschen in der Trinkwasserversorgung vom Rhein abhängig. Allein in der Bundesrepublik Deutschland bezogen Anfang der 80er Jahre 9,8 Millionen Menschen ihr wichtigstes Lebensmittel, Trinkwasser, von 31 Rheinwasserwerken, die im Bereich des Rheins entnommenes Wasser, sogenanntes Uferfiltrat, aufbereiten.

---

7  Koch, Vahrenholt, a.a.O., S. 75-76

Noch im September 1986 forderte deshalb die Internationale Arbeitsgemeinschaft der Wasserwerke im Rheineinzugsgebiet (IAWR) eine nachhaltige Verbesserung des Gewässerschutzes: »Die Trinkwassergewinnung muß Vorrang vor allen anderen Nutzungen des Rheinwassers haben.«

Doch kaum zwei Monate später häuften sich die Katrastrophenmeldungen über Gifteinleitungen in den Strom in zuvor nicht gekanntem Maß. Tonnenweise verendete Fische. Die Trinkwassergewinnung aus ufernahen Brunnen war teilweise unmöglich. Einige deutsche Rhein-Anliegergemeinden mußten tagelang mit Trinkwasser aus Tankwagen versorgt werden.

Am 1. November brannte ein Chemikalienlager der Firma Sandoz in Basel ab. Mit dem Löschwasser gelangten fast 30 Tonnen Pestizide in den Fluß, darunter hochgiftige Phosphorsäureester. Im Gefolge dieses Unfalls wurden innerhalb von nur zwei Wochen weitere schwerwiegende »Einleitungsunfälle« bekannt:
- 600 Kilogramm des Herbizids Atrazin (Ciba Geigy),
- 2000 Kilogramm des Herbizids Dichlorphenoxy-Essigsäure (BASF)
- 50 Kilogramm Chlorbenzol (Hoechst) und
- eine unbekannte Menge des Desinfektionsmittels Chlormetakresol (Bayer).

Fast gleichzeitig erschienen Image-Anzeigen der chemischen Industrie in deutschen Zeitungen, so in der Hamburger ZEIT vom 7. November:

*Lieber Fisch, es wird Dir guttun, daß die chemische Industrie die organische Belastung der Gewässer in den letzten 20 Jahren um mehr als 90 Prozent gesenkt hat.*

Tatsächlich hat auch die organische Spurenverunreinigung im Rhein in den Jahren 1979 bis 1984 deutlich abgenommen. Doch die IAWR schreibt dazu in ihrem Jahresbericht 1984:

*Es fällt auf, daß die Verringerung der Belastung - ebenso wie bei einigen anderen Verunreinigungen - in den vergangenen drei bis vier Jahren viel langsamer verläuft als im vorangegangenen Zeitraum. Es hat immer mehr den Anschein, daß die zum Teil spektakuläre Verbesserung der Rheinwasserqualität, die sich dem Tiefpunkt zu Beginn der 70er Jahre anschloß, Anfang der 80er Jahre ein vorläufiges Ende gefunden hat.*[8]

---

8  RIWA, Jahresbericht 1984, S. 24

**Organische Spurenverunreinigungen im Rhein bei Lobith in den Jahren 1979-1984**

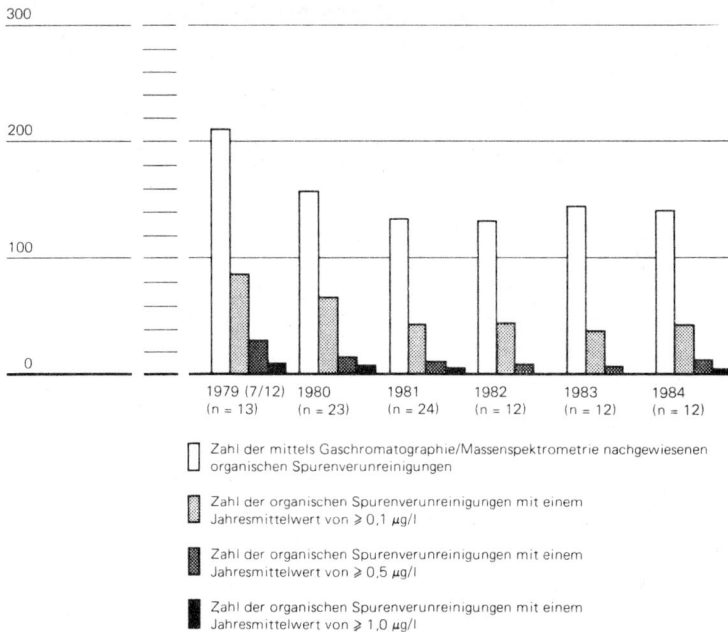

300

200

100

0

| 1979 (7/12) | 1980 | 1981 | 1982 | 1983 | 1984 |
| (n = 13) | (n = 23) | (n = 24) | (n = 12) | (n = 12) | (n = 12) |

☐ Zahl der mittels Gaschromatographie/Massenspektrometrie nachgewiesenen organischen Spurenverunreinigungen

▨ Zahl der organischen Spurenverunreinigungen mit einem Jahresmittelwert von ≥ 0,1 µg/l

▤ Zahl der organischen Spurenverunreinigungen mit einem Jahresmittelwert von ≥ 0,5 µg/l

■ Zahl der organischen Spurenverunreinigungen mit einem Jahresmittelwert von ≥ 1,0 µg/l

*Quelle: RIWA, Jahresbericht 1984, S. 25*

Zu den unbestreitbaren Ergebnissen der Rheinsanierung gehört - neben der Verringerung der Belastung mit sauerstoffzehrenden Stoffen und der anschließenden Erholung des Sauerstoffhaushalts - zweifellos auch der Rückgang der Schwermetallgehalte. Ähnlich wie die Cadmiumgehalte sind auch die Blei- und Chrombelastung zurückgegangen.

Andere Belastungen des Rheinwassers haben jedoch weiterhin zugenommen. Obwohl am 5. Juli 1985 zwar der »Rheinsalzvertrag« zwischen Frankreich, der Bundesrepublik Deutschland, den Niederlanden und Luxemburg in Kraft getreten ist, dauerten die Einleitungen der französischen Kaligruben in den Rhein an. Die Verminderung der Einleitungen aus den Kaligruben war von der Realisierung alternativer Methoden der Salzbeseitigung abhängig. Die Verpressung in 1600 bis 1800 Meter Tiefe würde Grundwasservorkommen tangieren, die in der Bundesrepublik Heilquellen speisen. Das Inkrafttreten des Salzvertrags war von verschiedenen Rechtsstreitigkeiten und Demonstrationen begleitet.

**Sauerstoffgehalt des Rheinwassers an der deutsch-niederländischen Grenze 1946-
1984 (Jahresmittelwerte, Minima und Maxima)**

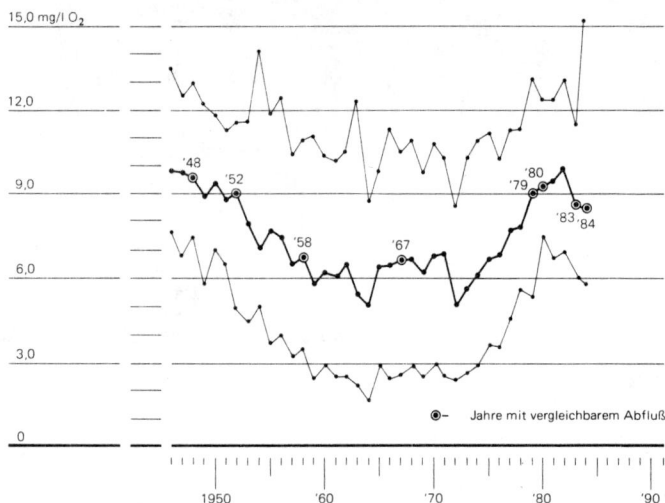

*Quelle: RIWA, Jahresbericht 1984, S. 18*

**Cadmiumgehalt des Rhein- und Ijsselmeerwassers 1973-1984 (Jahresmittelwerte
und Maxima; unfiltrierte Proben)**

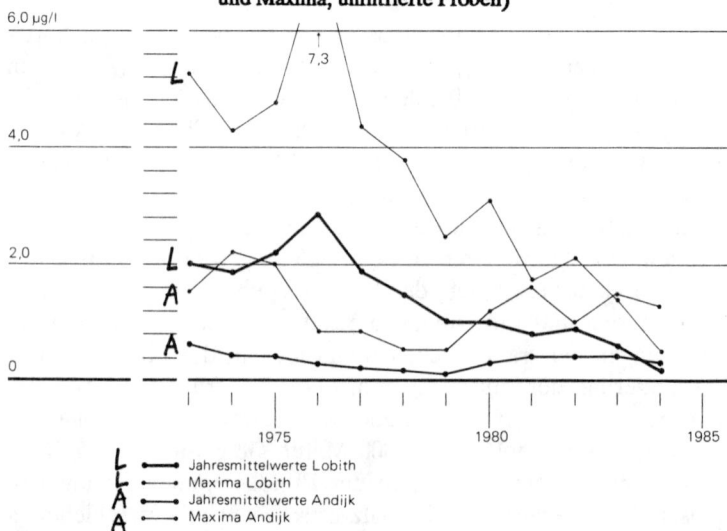

*Quelle: RIWA, Jahresbericht 1984, S. 26*

**Chloridfracht des Rheins an der deutsch-niederländischen Grenze 1885-1984 (Jahresmittelwerte)**

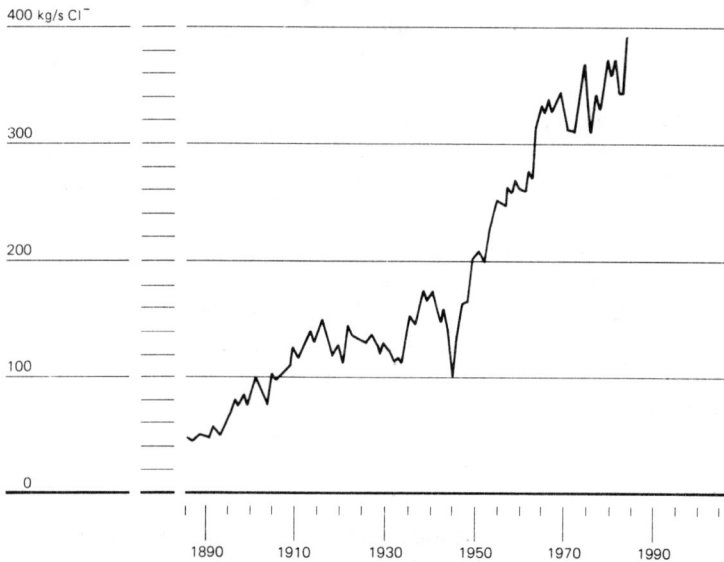

*Quelle: RIWA, Jahresbericht 1984, S. 41*

**Könnten Sie mir bitte etwas Salz reichen?**

*Karikatur in der Tageszeitung »L'Alsace zur Genehmigung des Rheinsalzvertrags durch die französische Nationalversammlung am 7. Oktober*

Ein weiteres großes Problem, das auch bei den Rheinkatastrophen Ende 1986 deutlich geworden ist, stellt die Belastung des Flusses mit Spuren vielfältiger Gifte dar. In ihrem Jahresbericht 1983 schrieb die IAWR:

*Die Ausarbeitung der »Schwarzen Liste« des Rheinchemie-*
*vertrags zur Verringerung der Belastung des Flusses mit toxischen*
*Spurenverunreinigungen schreitet viel zu langsam voran. ... Wenn*
*die Internationale Rheinschutzkommission erwartet, daß auf die*
*Dauer rund 200 einzelne Stoffe auf diese Liste gesetzt werden, so*
*steht angesichts der Tatsache, daß sieben Jahre nach*
*Unterzeichnung des Rheinchemievertrages erst für zwei Stoffe*
*(Quecksilber und Cadmium) erste Einleitungsnormen erlassen*
*worden sind, zu befürchten, daß es bei Beibehaltung dieses*
*Tempos noch Jahrzehnte dauern wird, bis für alle Stoffe der*
*»Schwarzen Liste« Richtlinien vorliegen.*[9]

Nachdem in der Bundesrepublik Deutschland Mitte der 80er Jahre etwa 85 Prozent aller Haushalte an eine mechanisch-biologische
Kläranlage angeschlossen waren, gingen die Investitionen für die
Abwasserreinigung stark zurück. Tatsächlich aber ist der Ausbau
der bestehenden Kläranlagen dringend erforderlich. Vor allem die
Erweiterung der vielerorts bestehenden zwei Reinigungsstufen
durch eine dritte Anlage zur Eliminierung von Phosphaten ist
dringend erforderlich, wie am Beispiel des Rheins deutlich wird.

Nur knapp acht Prozent der Abwässer im Rheineinzugsgebiet
können von Phosphaten befreit werden.

Dem Rhein geht es in Teilbereichen langsam wieder besser,
nachdem Mitte der 60er Jahre die Gefahr bestanden hatte, daß
der wichtigste Strom Westeuropas zu einem toten Fluß würde. Die
Rhein-Sanierung macht Fortschritte, doch er ist noch lange nicht
wieder ein sauberes Gewässer, sondern allenfalls eine leicht ent-
giftete Kloake. Der Fischbestand mag dies veranschaulichen: Gab
es zu Beginn des 19. Jahrhunderts noch 60 Fischarten im Rhein, so
sind es heute gerade wieder 15. Tummelten sich einst vor allem
Lachs, Stör und Maifisch in klarem Wasser, so halten es fast nur
noch Arten wie Aal, Spiegelkarpfen oder Hecht in den schlammig-
schmutzigen Fluten aus.

Und nicht einmal deren Vorkommen kann man ohne weiteres
mit dem Attribut »natürlich« versehen. Fischbruten haben kaum
eine Überlebenschance im Rhein. Für den Nachwuchs sorgt deshalb der Mensch durch sogenannten Fischbesatz, der in Becken
gezüchtet oder von sauberen Gewässern - oft im Ausland - geholt
wird.

---

9  RIWA, Jahresbericht 1983, S. 8

**Gesamtphosphat-Fracht des Rheins zwischen Bodensee und der deutsch-niederländischen Grenze (Jahresmittelwerte 1983, in Mio. Kg pro Jahr)**

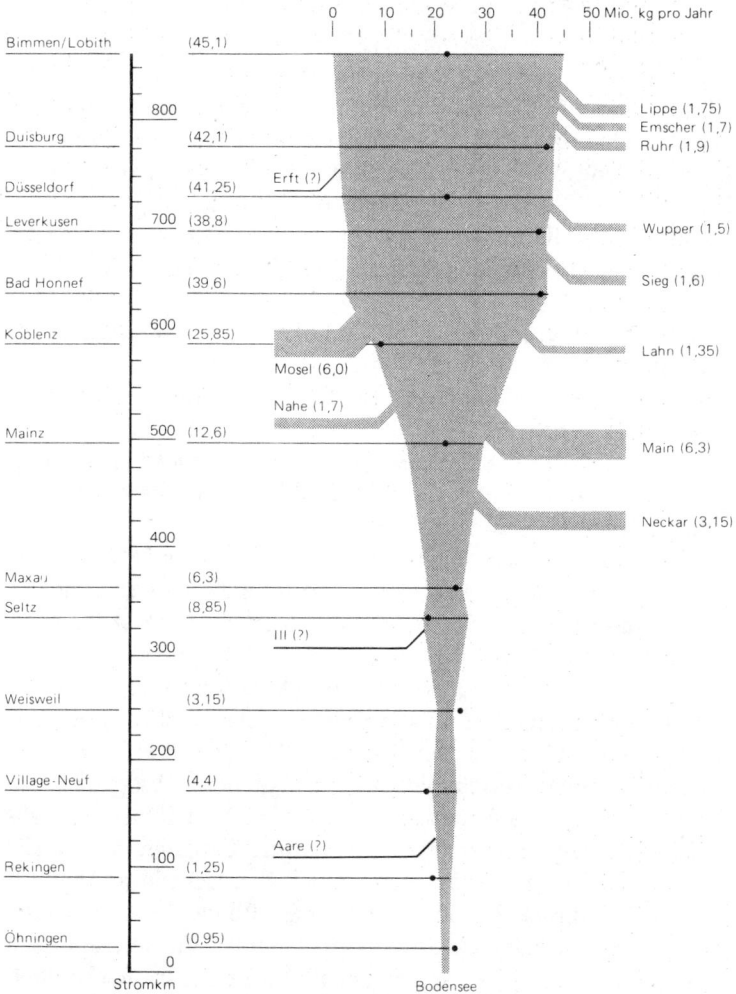

Quelle: *RIWA, Jahresbericht 1984, S. 54*

# 8. Luft

Wasser und Luft sind sprichwörtlich lebensnotwendig. Der Mensch muß täglich eine ausreichende Menge Flüssigkeit aufnehmen - und das bedeutet letztlich Wasser - und ständig atmen können. Das Wasser ist in seinem Kreislauf einigermaßen überschaubar, Oberflächengewässer können sogar kanalisiert und gereinigt werden. Luft ist praktisch außerhalb jeder menschlichen Kontrolle.

Die Luft ist chemikalisch beschreibbaren, aber den menschlichen Sinnen kaum unterscheidbaren, Veränderungen unterworfen. Überdies kann man kaum von einer Reinigungskraft der Luft sprechen. Zahlreiche verunreinigte Stoffe werden in der Luft vermischt, verteilt, verdünnt, transportiert und verändert, aber zuletzt (zum Teil verändert) abgelagert oder in die Atmosphäre dauerhaft aufgenommen.

Die Luftreinhaltung müßte eine besonders hohe Priorität genießen. In der Praxis erscheint dies jedoch nicht immer zwingend. Verunreinigungen der Luft sind sinnlich kaum wahrnehmbar; sie werden deshalb oft als nicht besonders schädlich empfunden. Nur selten kommen akute Vergiftungen durch die Luft vor: die Folgen der Luftverunreinigung sind kumulativ und chronisch, das heißt sie machen sich erst nach langer Zeit bemerkbar und sind kaum einer einzelnen Quelle zuzuschreiben. Die Emissionen selbst größter Industrieanlagen oder Kraftwerke wirken im Verhältnis zur Lufthülle des Planeten verschwindend gering. Experten führen die Belastung der Atmosphäre noch immer überwiegend auf natürliche Quellen zurück. Die lebenswichtige Lufthülle der Erde wurde schon immer durch Schadstoffe verschmutzt. Vulkaneruptionen belasten die Atmosphäre mit riesigen Mengen Staub, Asche uund schwefelhaltigen Gasen. Verwesungs- und Verwitterungsprozesse setzen Gifte frei. Kohlenmonoxid, Kohlendioxid und eine ganze Reihe schädlicher organischer Verbindungen entstehen auch bei Waldbränden.

Trotzdem ist der vom Menschen verursachte Anteil der Belastung der Atmosphäre besonders bedenklich: Er ist künstlich erzeugt, also vermeidbar, und stellt eine nachhaltige Bedrohung des ökologischen Gleichgewichts dar.

Die Gefahren sind schon seit Jahrhunderten bekannt. Der Philosoph Seneca beklagte sich im antiken Rom über die »Luftverschmutzung« durch die Abgase stark qualmender Kamine.

*Aus dem mittelalterlichen Zwickau ist überliefert, daß dort im Jahre 1348 der Gebrauch von Steinkohle in Schmieden innerhalb des Stadtgebietes untersagt wurde. In Goslar setzten die Bürger 1407 durch, daß Erze nicht mehr in Stadtnähe geröstet werden dürften, weil die Rauchbelästigung durch die Erzhütten unerträglich geworden war. Jahrhundertelang war die vom Menschen verursachte Luftverschmutzung jedoch nur von lokaler Bedeutung. Dies änderte sich mit der »industriellen Revolution«, die im 18. Jahrhundert zunächst in England einsetzte und in den folgenden Jahrzehnten alle Staaten des europäischen Kontinents erfaßte.*

*Der Kohlenverbrauch verdreizehnfachte sich allein zwischen 1861 und 1912 im Deutschen Reich von 14 Millionen auf 187 Millionen Tonnen. Binnen eines Jahrhunderts entwickelten sich dörfliche Siedlungen zu Großstädten In Essen z.B. wuchs die Bevölkerung zwischen 1800 und 1919 von 4000 auf 443 000 Einwohner an.*[1]

Begleiterscheinungen der Industrialisierung waren unter anderem die »Hüttenrauch-Schadensgebiete«, so zum Beispiel der tote Wald von Lipine im oberschlesischen Bergbaugebiet um Kattowitz. 1895 wurde in Deutschland die erste »Technische Anleitung« (TA) zur Gewerbeordnung verabschiedet, mit der luftverschmutzende Kraftwerke und Gewerbebetriebe bestimmten Auflagen unterworfen wurden. Lange Zeit galten aber hohe Schlote schon als ausreichende Vorsorgemaßnahme.

Doch schon in den 50er Jahren gab es ernste Warnzeichen für die Folgen des ungehemmten Schadstoffausstoßes und gleichzeitig einer verfehlten Siedlungspolitik. Im Dezember 1952 wurde London, wo der winterliche Rauchnebel jahrzehntelang als negatives Wahrzeichen wachsenden Wohlstands hingenommen worden war,

---

1 Bundesministerium des Innern (Hrsg.), erarbeitet vom Umweltbundesamt, Was Sie schon immer über Luftreinhaltung wissen wollten, Stuttgart 1983, S. 7f

von einer Smog-Katastrophe heimgesucht. 4000 Einwohner der britischen Hauptstadt starben, zehntausende litten unter Atembeschwerden, Augenreizung und Kreislaufschwäche.

Die Wirkung von Luftverunreinigungen auf die menschliche Gesundheit ist erst teilweise erforscht. Zahlreiche Untersuchungen weisen jedoch einen Zusammenhang zwischen Schwefeldioxid-Belastung und Gesundheitsschäden nach.

Photooxidantien, die Hauptverursacher des photochemischen oder »Los-Angeles-Smogs«, beeinträchtigen bereits in niedrigen Konzentrationen die Atemwege des Menschen, führen zu nachhaltigen Beschwerden, sind Ursache einer erhöhten Infektionsanfälligkeit und stehen in Verdacht krebserzeugender und erbgutverändernder Wirkung.

Es gibt auch andere Luftverunreinigungen, die unmittelbar gesundheitsschädlich sind - wie zum Beispiel die Unfälle in der italienischen Stadt Seveso 1976 und in der indischen Stadt Bhopal 1984; aber es gibt auch Verunreinigungen, die über lange Zeit zunehmende, das heißt kumulative, Wirkungen zeigen, wie etwa Blei oder andere Stoffe, die chronische Gesundheitsschäden hervorrufen können. Gerade bei Luftverunreinigung spielt die unterschiedliche Empfindlichkeit verschiedener Personen eine Rolle, das heißt manche Personen sind für die Folgen der Luftverunreinigung anfälliger als andere.

In Gebieten mit hoher Luftbelastung, zum Beispiel in Nordbayern, nahe der Grenze zur Tschechoslowakei und der DDR, ist in der Bundesrepublik die Zahl der Atemwegserkrankungen schon so stark angestiegen, daß die örtlichen Krankenkassen von der Bundesregierung eine Erstattung der Mehrkosten verlangen, die auf die Umweltverschmutzung zurückzuführen sind. Auf zehn Millionen Mark schätzen die Krankenkassen den Schaden. Die Statistik der Kassen weist eine Verdoppelung der Atemwegserkrankungen aus. Mit der Zunahme des Schwefels in der Luft korreliert auch die Häufigkeit von Kehlkopfkrebs. Und seit Jahren beklagen Eltern die Erkrankung ihrer Kinder an Pseudo-Krupp - ein vom hohen Schadstoffgehalt in der Luft ausgelöstes, mit spastischen Hustenkrämpfen verbundenes Leiden. Die Symptome sind ähnlich wie beim Krupp-Husten, ohne daß jedoch ein Infekt vorliegt.

Genau wie beim Menschen gibt es bei Tieren mehr oder minder empfindliche Individuen bestimmter Arten. Aber es gibt auch

Tierarten, die gegen Luftverunreinigungen besonders empfindlich sind, zum Beispiel die Lurche. In manchen industrialisierten Gebieten sind solche Tierarten bereits ausgestorben. Landwirtschaftliche Nutztiere werden z.B. von Fluor und Blei in besonderem Maße geschädigt. So ist Fluorose ein bereits lange bekanntes Krankheitsbild bei Rindern und anderen Wiederkäuern. Luftverunreinigung kann auf vielfältige Weise auch Schäden bei Pflanzen hervorrufen. In letzter Zeit stand die Diskussion um das Waldsterben im Mittelpunkt des öffentlichen Interesses. Dabei darf jedoch nicht vergessen werden, daß es neben dem Waldsterben auch andere Vegetationsschäden gibt, etwa die Anreicherung von Blei und Cadmium in Getreiden.

*Pflanzen reagieren gegenüber Umweltgiften teilweise wesentlich empfindlicher als der Mensch. Dies gilt insbesondere für Einwirkungen von Schwefeldioxid, Fluorwasserstoff, Chlor, Salze und bestimmte Kohlenwasserstoffe. Gegen Kohlenmonoxid sind Pflanzen hingegen unempfindlich. In der Nähe verkehrsreicher Straßen können durch Kraftfahrzeugabgase und Streusalze Schäden an der Vegetation entstehen, die sich zum Beispiel im Vergilben der Blätter, im Kümmerwuchs oder im Absterben von Pflanzenteilen oder der ganzen Pflanze zeigt. Unter dem Begriff Schädigung ist auch die Stoffanreicherung zu fassen, die Nutzpflanzen für die Ernährung oder Verfütterung ungeeignet werden läßt.*[2]

*An der Diagnose gibt es nun nichts mehr zu deuten. Fünfzig Prozent des bundesdeutschen Waldes sind sichtbar geschädigt. Das ist ein Ergebnis der am Dienstag vom Bundeslandwirtschaftsministerium vorgelegten »Waldschadenserhebung 1984«. Ein zweites Resultat: Ausflüchte, wonach die Katastrophe vielleicht durch natürliche Ursachen wie Pilze, Insekten oder das Wetter bedingt sei, können nicht länger gelten. Hauptursache ist die Luftverschmutzung.*

*Schlimmer noch als die schiere Zahl der geschädigten Waldfläche sind die sichtbar gewordenen Trends. Von Bäumen, die über 60 Jahre alt sind, müssen wir womöglich schon sehr bald Abschied nehmen - auch von der vielbesungenen deutschen Eiche. Denn sie fällt inzwischen noch schneller als die Tanne und*

---

2  Bundesministerium des Innern (Hrsg.), Was Sie schon immer über Umweltschutz wissen wollten, Stuttgart, 1981, S. 131

## Waldschäden — Bestandsaufnahme 1985

Seit Mitte der siebziger Jahre werden im gesamten Bundesgebiet großflächige Waldschäden beobachtet, die sich nicht in das Bild der bisher bekannten Schäden einordnen lassen. Meist liegen die betroffenen Waldbestände nämlich fernab der Industrie- und Ballungsgebiete. Zunächst wurden die empfindlichen Weißtannen in Mitleidenschaft gezogen. Das zeigte sich an Symptomen wie: Vergilben der Nadeln, Kronen-verlichtungen und Rindenschäden, schließlich Nadelverlust und Verminderung des Wachstums. Inzwischen treten ähnliche Krankheitsmerkmale zunehmend auch bei anderen Baumarten auf.

Als das Bundesministerium für Ernährung, Landwirtschaft und Forsten im Herbst 1982 zum ersten Mal eine Bestandsaufnahme der Waldschäden durchführen ließ, wurden erst 8 % der Forstfläche als geschädigt eingestuft. Im Jahr darauf hatte sich die Schadfläche mit 34 % schon mehr als vervierfacht. Eine weitere Zunahme der Schäden brachte die Erhebung vom Herbst 1984 zutage, nach der bereits die Hälfte der Waldfläche (3,7 Mio Hektar) Krankheitssymptome aufwies. Nach zwei Sommern mit günstigen Witterungs-bedingungen nahm der Anteil der geschädigten Flächen zum Herbst 1985 nur noch geringfügig — auf 52 % — zu. In den betroffenen Gebieten hat sich das Bild gegenüber dem Vorjahr aber weiter verschlechtert. Die Bestände mit sehr kranken oder absterbenden Bäumen machen bereits mehr als 2 % der gesamten Wald-fläche aus (1984 erst 1,5 %); 17 % sind von mittelstarken Schäden betroffen, 33 % weisen geringe Schäden auf.

Am stärksten gefährdet ist die Tanne, die — bei vergleichsweise geringer Verbreitung — nicht nur die höch-ste Schadensquote (87 %), sondern auch den höchsten Anteil sehr kranker und abgestorbener Flächen aufweist. Die größten Flächenschäden entfallen auf die Fichte, die wirtschaftlich bedeutendste Baumart. Von den rund 2,9 Mio Fichtenbeständen sind 52 % erkrankt. Weiter zugenommen hat der Schadens-anteil bei den Laubbäumen, die zunächst als relativ widerstandsfähig galten. Inzwischen kann man schon an 55 % der Eichenbestände Krankheitserscheinungen beobachten; auch der Flächenanteil geschädigter Buchen ist auf 55 % gestiegen.

Über die Ursachen der Waldschäden herrscht nach wie vor keine völlige Klarheit. Durch die Forschung wurde aber die These untermauert, daß es in erster Linie die zum Teil über weite Entfernungen herange-tragenen Luftschadstoffe (wie Schwefeldioxid und Stickoxide) sind, die das Waldsterben jeweils allein oder in Kombination mit anderen Schadstoffen oder anderen Ursachenkomponenten (Klima, Standort, Schäd-lingsbefall, waldbauliche Fehler) hervorrufen.

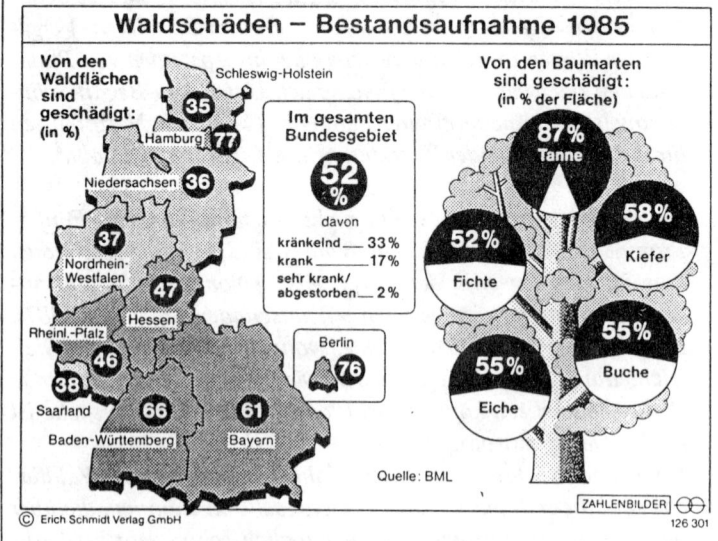

**Waldschäden — Bestandsaufnahme 1985**

Von den Waldflächen sind geschädigt: (in %)

Schleswig-Holstein 35
Hamburg 77
Niedersachsen 36
Nordrhein-Westfalen 37
47
Hessen
Rheinl.-Pfalz 46
Berlin 76
Saarland 38
Baden-Württemberg 66
Bayern 61

Im gesamten Bundesgebiet
**52 %**
davon
kränkelnd — 33 %
krank — 17 %
sehr krank/ abgestorben — 2 %

Von den Baumarten sind geschädigt: (in % der Fläche)

87 % Tanne
58 % Kiefer
52 % Fichte
55 % Buche
55 % Eiche

Quelle: BML

© Erich Schmidt Verlag GmbH

ZAHLENBILDER
126 301

*Fichte einer Art galoppierender Schwindsucht zum Opfer. Deren Erreger sind allerdings keine Bakterien oder Viren, sondern Schwefeldioxid und »Saurer Regen«, Stickoxide und Ozon.*

*Bei der nun notwendigen radikalen Rauch- und Auspuffgas-Rei-*
*nigung sollten wirtschaftliche Argumente durchaus beachtet wer-*
*den, zum Beispiel dieses: In bundesdeutschen Wäldern steckt*
*allein ein Holzwert von 200 bis 300 Milliarden Mark. Gemessen*
*am Gesamtwert des Waldes schrumpft das Gezänk ums Tem-*
*polimit zu dem, was es ist: spätpubertäres Wutgeheul.*[3]

Der erhöhte Säuregehalt der Luft und des Niederschlags verursacht schnellere Korrosion an Metallen. Diese Schäden können
sehr umfangreich sein und zumindest intensive Gegenmaßnahmen
erfordern, etwa häufigeres oder aufwendigeres Konservieren, z.B.
durch Farben, Lacke, Kunststoffbeschichtungen. In den Vereinigten Staaten von Amerika wurden die jährlich durch Luftverunreinigung verursachten Korrosionsschäden allein auf fünf Milliarden
Dollar geschätzt.

Eine besondere Form der Korrosion sind Schäden, die an Gebäuden verursacht werden, sowohl an modernen als auch an historischen Bauten. Diese können außerordentlich umfangreich sein
und zumindest intensive Gegenmaßnahmen erfordern. An manchen Kulturdenkmälern muß die äußere Schicht ersetzt werden,
was zum Beispiel beim Kölner Dom jahrzehntelange Arbeiten erfordert. Auch alte farbige Glasfenster sind gefährdet.

In stark verschmutzten Gebieten ist der allgemeine Reinigungs-
aufwand viel höher, zum Beispiel auch für Kleider und andere
Wäsche. Wer seine Kleider häufiger wechseln und säubern muß,
trägt zu den Kosten der Luftverunreinigung bei - durch die Kosten
der Reinigung sowie durch den schnelleren Verschleiß.

*In einer (1980) veröffentlichten Studie werden Gebäudeschäden*
*in der Bundesrepublik auf etwa 1,5 Milliarden DM im Jahr, die*
*Korrosionsschäden an Materialien auf 1 bis 2 Milliarden DM*
*und die Ausgaben der Bürger für zusätzlichen Wasch- und Reini-*
*gungsaufwand auf 730 Millionen Mark jährlich geschätzt. Für*
*die laufenden Renovierungsaufgaben am Kölner Dom müssen*
*jährlich rund 3 Millionen Mark aufgewendet werden, 60 bis 80*
*Millionen wird die in den nächsten Jahren erforderliche Erneue-*
*rung und Ergänzung von Sandsteinen kosten. ...*
*Nicht alle durch Luftverunreinigungen verursachten Schäden*
*sind einer ökonomischen Wertung zugänglich, dies gilt z.B. für*
*ökologische Langzeitschäden. ...*

---

3   DIE ZEIT, 26. Oktober 1984, S. 1

Die internationale »Organisation für wirtschaftliche Zusammenarbeit und Entwicklung« (OECD) schätzt, daß die gesamten Schäden durch Luftverschmutzung, einschließlich der Gesundheitskosten, in den Mitgliedsländern etwa 3 bis 5% des Bruttosozialprodukts ausmachen. Für die Bundesrepublik Deutschland würde dies bei einem Bruttosozialprodukt von rund 1.400 Milliarden DM (1979) volkswirtschaftliche Verluste von jährlich 40 bis 70 Milliarden bedeuten.

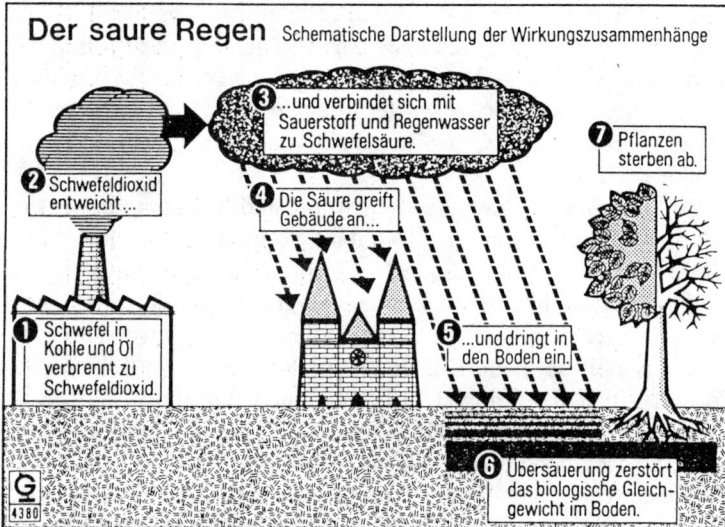

## Der saure Regen — Schematische Darstellung der Wirkungszusammenhänge

**❸** ...und verbindet sich mit Sauerstoff und Regenwasser zu Schwefelsäure.

**❼** Pflanzen sterben ab.

**❷** Schwefeldioxid entweicht...

**❹** Die Säure greift Gebäude an...

**❶** Schwefel in Kohle und Öl verbrennt zu Schwefeldioxid.

**❺** ...und dringt in den Boden ein.

**❻** Übersäuerung zerstört das biologische Gleichgewicht im Boden.

Ⓖ 4380

Quelle: »Was Sie schon immer über Luftreinhaltung wissen wollten«, Bundesinnenministerium (Umweltbundesamt), Stuttgart 1983

Die Kosten der Luftverunreinigung sind außerordentlich weit verteilt, wie die Luft selber. Praktisch jeder trägt zu diesen Kosten bei, so daß sie nie mit vollkommener Genauigkeit feststellbar sind. Die Kosten von Vermeidungsmaßnahmen sind hingegen recht genau zu beziffern, und diejenigen, die sie tragen, wissen das sehr wohl. Diese Ungleichheit zwischen Kosten der Verunreinigung und ihrer Vermeidung erschwert die Luftreinhaltepolitik ungemein.

*Hauptverursacher der Luftverschmutzung sind die industrielle Produktion, die Bereitstellung von Energie, der Kraftfahrzeugverkehr und die privaten Heizungsanlagen.*

*Industrie und Energiewirtschaft verursachen den größten Teil der Staubemissionen. Die Industrie ist auch Hauptquelle für Fluorverbindungen, organische Dämpfe und Gase. Stickoxide werden von diesen Quellen und vom Kraftfahrzeugverkehr etwa zu gleichen Teilen verursacht.*

*Unter den konventionellen Kraftwerken, die Kohle, Öl oder Gas verbrennen, sind es Rauchgase der Kohlekraftwerke, die unsere Luft am meisten belasten. Ein Kohlekraftwerk älteren Typs mit einer Leistung von 700 Mgewatt für den Spitzen- bis Mittellastbetrieb, das jährlich etwa eine Million Tonnen Steinkohle verbraucht, gibt (bei einem Schwefelgehalt der Kohle von nur einem Prozent) pro Vollastbetriebsstunde folgende Schadstoffmengen ab:*

*500 t Kohlendioxid*
*0,15 t Kohlenmonoxid*
*7 t Schwefeldioxid*
*1,7 t Stickoxide*
*0,05 t Kohlenwasserstoffe*
*0,7 t Staub*

*Im Bereich innerstädtischer Straßen beträgt der Anteil schädlicher Kraftfahrzeugabgase bei einzelnen Schadstoffen zwischen 80 und 99 Prozent an der Gesamtluftverschmutzung!*

*Diese Abgase sind besonders gefährlich, weil sie bis in Atemhöhe abgegeben werden. Am gefährdetsten sind die Autoinsassen selbst.*

*Bei der Verbrennung von 1000 Liter Benzin (das entspricht einer Strecke von ca. 10 000 km) im Ottomotor werden ca. folgende Schadstoffmengen abgegeben:*

*300 kg Kohlenmonoxid*
*24-48 kg Kohlenwasserstoffe*
*6-18 kg Stickoxide*
*0,6-1,2 kg Schwefeldioxid*
*0,36 kg feste Stäube*
*0,061-0,305 kg Blei*

*Auch die Luftverunreinigung durch Flugzeugabgase erreicht erhebliche Konzentrationen, und es ist zu befürchten, daß die andauernde Verschmutzung der Stratosphäre durch den Überschallflugverkehr zu weltweiten Klimaveränderungen führen wird.*

»Geschwefelte Republik«

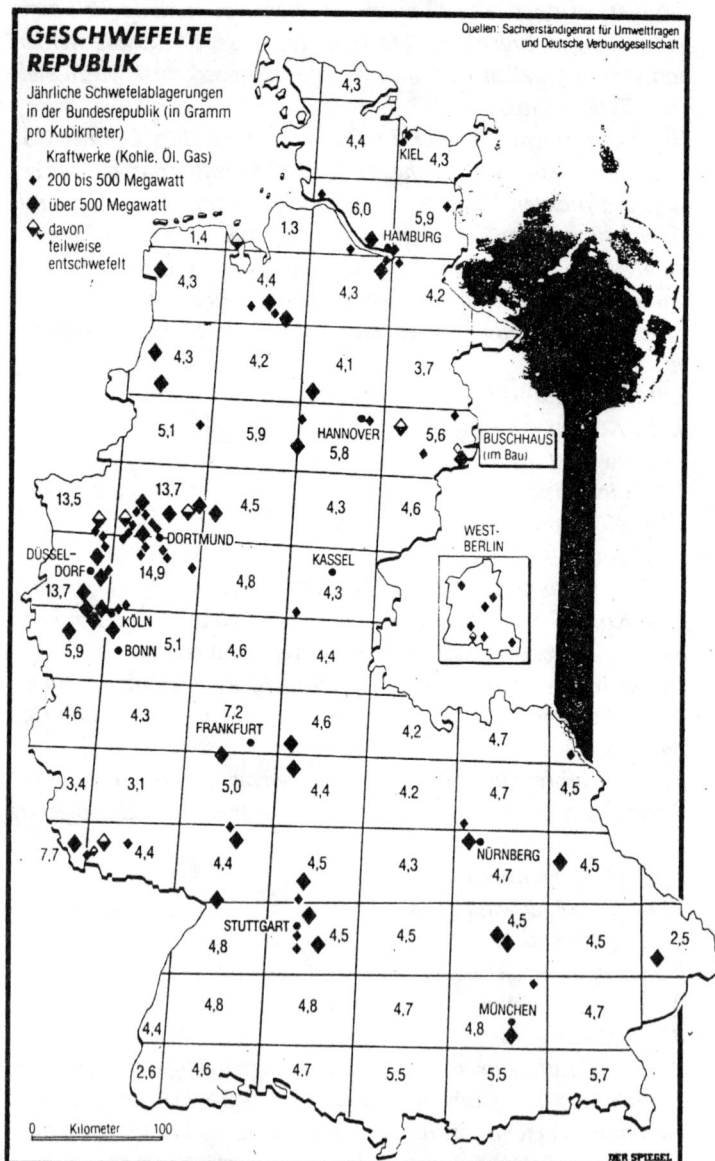

**GESCHWEFELTE REPUBLIK**

Jährliche Schwefelablagerungen in der Bundesrepublik (in Gramm pro Kubikmeter)

Kraftwerke (Kohle, Öl, Gas)
◆ 200 bis 500 Megawatt
◆ über 500 Megawatt
◆ davon teilweise entschwefelt

Quellen: Sachverständigenrat für Umweltfragen und Deutsche Verbundgesellschaft

*Quellen: Sachverständigenrat für Umweltfragen und Deutsche Verbundgesellschaft, nach: Der Spiegel*

*Der private Bereich trägt zur Luftbelastung vor allem mit Schadstoffen aus Heizungsanlagen, Kraftfahrzeugen und aus Spraydosen (Fluorchlorkohlenwasserstoffe) bei.*[4]

Die Entwicklung der Luftverunreinigung in der Bundesrepublik ist in den siebziger Jahren uneinheitlich gewesen. Einerseits ist eine dramatische Verringerung der Staubemissionen zu verzeichnen, andererseits ein stetes Ansteigen bereits hoher Emissionen an Stickoxiden. Auch bei gewissen organischen Verbindungen (z.B. Benzol) ist ein deutlicher Anstieg zu verzeichnen. Auf dem Gebiet der Schwefelemissionen war bis vor kurzem lediglich ein mehrere Jahre anhaltender Stillstand zu verzeichnen. Dieses insgesamt noch nicht befriedigende Ergebnis erforderte bereits erhebliche politische und wirtschaftliche Anstrengungen. Erst seit 1982, als die ersten Berichte über dramatische Schäden in den Wäldern auf Bundesebene bestätigt wurden, ist die politische Debatte um die Luftverunreinigung wieder lebhaft geworden. Dadurch besteht die Aussicht, daß die Bundesrepublik auf internationaler Ebene positive Anstöße geben wird, nachdem sie jahrelang vor allen Dingen als Hemmschuh der internationalen Entwicklung galt.

Luftverunreinigungen können nur durch Maßnahmen an der Quelle bekämpft werden: einmal emittiert, lassen sich Verunreinigungen kaum mehr beeinflussen. Man kann dabei entweder allen vergleichbaren Verunreinigungen vergleichbare Kosten auferlegen (Emissionsnormen) oder eine bestimmte Luftqualität anstreben und die Auflagen entsprechend gestalten (Immissionsnorm). In der Praxis sind beide Verfahren anzuwenden. Auf jeden Fall zu vermeiden sind Maßnahmen, die zu einer weiteren Verteilung der Luftverunreinigung führen - zum Beispiel in manchen Regionen der Bau hoher Schornsteine.

Besonders schwierig ist es, die vielen kleinen Quellen der Luftverunreinigung - insbesondere Heizungen und Autos - zu kontrollieren: hierfür sind Produktnormen zu entwickeln, die dafür sorgen, daß ordentlich gewartete und betriebene Geräte nicht mehr als eine vorgegebene Emission erzeugen. Dementsprechend ist auch eine laufende Überwachung des Gerätezustandes erforderlich. In der Bundesrepublik Deutschland überwachen die Schornsteinfeger die Emissionen von Heizungen und der Technische Überwachungsverein (TÜV) die Emissionen von Autos.

---

4  Bundesministerium des Innern, Umweltschutz, a.a.O., S. 111-115

**Entwicklung der Jahres-Emissionen in der Bundesrepublik Deutschland**

Jahresemissionen – Übersicht (Werte gerundet)

| Staub Emittentengruppe | 1966 kt | % | 1970 kt | % | 1974 kt | % | 1978 kt | % |
|---|---|---|---|---|---|---|---|---|
| Kraftwerke, Fernheizwerke | 460 | 26 | 290 | 22 | 190 | 20 | 170 | 24 |
| Industrie | 1070 | 59 | 770 | 60 | 590 | 63 | 460 | 64 |
| Haushalte, Kleinverbraucher | 250 | 14 | 210 | 16 | 130 | 14 | 60 | 8 |
| Verkehr | 24 | 1 | 29 | 2 | 30 | 3 | 30 | 4 |
| Gesamtemission | 1800 | | 1300 | | 950 | | 720 | |

| Schwefeldioxid Emittentengruppe | 1966 kt | % | 1970 kt | % | 1974 kt | % | 1978 kt | % |
|---|---|---|---|---|---|---|---|---|
| Kraftwerke, Fernheizwerke | 1460 | 42 | 1840 | 47 | 1940 | 51,5 | 2000 | 56 |
| Industrie | 1410 | 40 | 1380 | 35 | 1190 | 32 | 990 | 28 |
| Haushalte, Kleinverbraucher | 560 | 16 | 630 | 16 | 520 | 14 | 450 | 13 |
| Verkehr | 80 | 2 | 85 | 2 | 95 | 2,5 | 100 | 3 |
| Gesamtemission | 3500 | | 3950 | | 3750 | | 3550 | |

| Stickoxide (als $NO_2$) Emittentengruppe | 1966 kt | % | 1970 kt | % | 1974 kt | % | 1978 kt | % |
|---|---|---|---|---|---|---|---|---|
| Kraftwerke, Fernheizwerke | 650 | 32 | 820 | 33 | 920 | 34 | 940 | 31 |
| Industrie | 660 | 32 | 690 | 29 | 660 | 24 | 580 | 19 |
| Haushalte, Kleinverbraucher | 100 | 5 | 130 | 5 | 140 | 5 | 140 | 5 |
| Verkehr | 640 | 31 | 820 | 33 | 990 | 37 | 1340 | 45 |
| Gesamtemission | 2050 | | 2450 | | 2700 | | 3000 | |

| Kohlenmonoxid Emittentengruppe | 1966 kt | % | 1970 kt | % | 1974 kt | % | 1978 kt | % |
|---|---|---|---|---|---|---|---|---|
| Kraftwerke, Fernheizwerke | 20 | 0,2 | 30 | 0,2 | 30 | 0,3 | 30 | 0,3 |
| Industrie | 1700 | 13,8 | 1780 | 13,8 | 1870 | 16,7 | 1360 | 14,7 |
| Haushalte, Kleinverbraucher | 6500 | 52 | 5400 | 41 | 3100 | 27 | 1700 | 18 |
| Verkehr | 4300 | 34 | 5800 | 45 | 6300 | 56 | 6200 | 67 |
| Gesamtemission | 12500 | | 13000 | | 11300 | | 9300 | |

| Organische Verbindungen Emittengruppe | 1966 kt | % | 1970 kt | % | 1974 kt | % | 1978 kt | % |
|---|---|---|---|---|---|---|---|---|
| Kraftwerke, Fernheizwerke | 6 | 0,5 | 8 | 0,5 | 9 | 0,5 | 9 | 0,5 |
| Industrie | 350 | 25 | 450 | 26,5 | 480 | 27 | 470 | 27 |
| Haushalte, Kleinverbraucher | 640 | 46 | 720 | 42 | 710 | 40 | 630 | 35,5 |
| Verkehr | 400 | 28,5 | 530 | 31 | 570 | 32,5 | 650 | 37 |
| Gesamtemission | 1400 | | 1700 | | 1800 | | 1750 | |

*Quelle: Bundesminister des Innern, Luftreinhaltung, a.a.O., S. 81*

Auf keinem Gebiet des Umweltschutzes ist internationale Ko-
operation so notwendig wie bei der Luftverunreinigung. Die Luft
kennt in der Tat keine Grenzen, und kein Land Europas kann
seine Probleme in Bezug auf die Luftverschmutzung alleine lösen.
Die Bundesrepublik Deutschland ist auch auf diesem Gebiet -

abermals aufgrund ihrer geographischen Lage - in einer einmaligen Position. Andere Länder können in importierende und exportierende Länder in Bezug auf Luftverunreinigung unterteilt werden. Typische importierende Länder sind die Niederlande, Norwegen und Schweden. Typische exportierende Länder sind Großbritannien, die Deutsche Demokratische Republik und die Tschechoslowakei. Die Luftverunreinigungsbilanz der Bundesrepublik Deutschland ist praktisch ausgeglichen, das heißt, es wird fast ebenso viel in die Bundesrepublik importiert wie von dort nach anderen Ländern exportiert. Anders ausgedrückt: die Bundesrepublik erleidet Folgen (und Kosten) der Luftverunreinigung, die etwa ihrer eigenen »Produktion« entsprechen. Diese Bilanz könnte sich verschieben, wenn in der Bundesrepublik schärfere Maßnahmen ergriffen werden als in den Nachbarländern - aber zunächst ist sie eines der wenigen Länder mit einer derart ausgeglichenen Bilanz und deshalb auch in einer besonders günstigen Lage, um erforderliche Maßnahmen zu ergreifen.

**Grenzüberschreitende Luftverschmutzung**

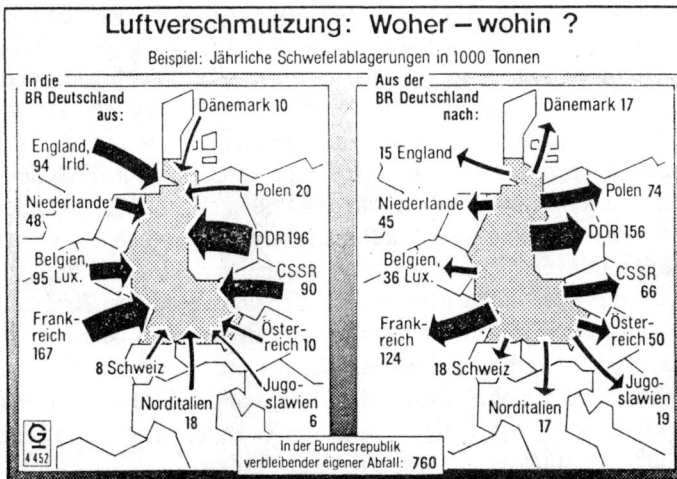

## Luftverschmutzung: Woher – wohin ?

Beispiel: Jährliche Schwefelablagerungen in 1000 Tonnen

In die BR Deutschland aus:
- Dänemark 10
- England, 94 Irld.
- Niederlande 48
- Polen 20
- DDR 196
- Belgien, 95 Lux.
- CSSR 90
- Frankreich 167
- Österreich 10
- 8 Schweiz
- Norditalien 18
- Jugoslawien 6

Aus der BR Deutschland nach:
- Dänemark 17
- 15 England
- Niederlande 45
- Polen 74
- DDR 156
- Belgien, 36 Lux.
- CSSR 66
- Frankreich 124
- Österreich 50
- 18 Schweiz
- Norditalien 17
- Jugoslawien 19

In der Bundesrepublik verbleibender eigener Abfall: **760**

G 4 452

*Quelle: Bundesminister des Innern, Luftreinhaltung, a.a.O., S. 91*

Bis vor wenigen Jahren war die Bundesrepublik nicht bereit, internationale Maßnahmen zum Schutz der Verunreinigung tatkräftig zu unterstützen. Das hat sich seit Beginn der akuten Phasen des

Waldsterbens deutlich geändert und die Bundesrepublik ist jetzt eines der Länder, welches besonders zu schärferen Maßnahmen drängt. Nur läßt sich eine jahrelang (insbesondere von der Bundesrepublik) betriebene Politik des Hinhaltens nicht von einem Tag auf den nächsten aufheben. Eine oft verkannte Folge internationaler Zusammenarbeit ist, daß einmal gefundene Kompromisse noch schwieriger zu ändern sind als die ursprünglichen Entscheidungen. Manchmal verhindert das Rückschritte der Politik - im Falle der Luftverunreinigungen hat es jedoch zu außerordentlich komplizierten und langwierigen Verhandlungen in der Europäischen Gemeinschaft geführt. Dabei geht es vorrangig um drei Fragen: die Einführung unverbleiten Benzins, eine Änderung der Normen für Automobilabgase und die Verringerung der Schwefeldioxidemissionen in allen Ländern.

Seit vielen Jahren wird dem Benzin Blei beigemischt, da auf diese Weise die Brenneigenschaften verbessert werden können. Dieses Blei gelangt unweigerlich in die Luft und stellt dort - zumal an stark befahrenen Straßen - eine unmittelbare Gefahr für Menschen dar. Schon deshalb scheint es geboten, dem Benzin kein Blei mehr beizumischen. Man hatte sich - unter dem Druck vor allen Dingen der Bundesrepublik - erst 1978 darauf geeinigt, zwischen 0,15 und 0,40 g/l Blei auf EG Ebene zuzulassen. 1982 forderten die Bundesrepublik und Großbritannien aus verschiedenen Gründen fast gleichzeitig die Einführung unverbleiten Benzins in der EG; es dauerte noch zwei Jahre bis dieses auch geschah, aber die Kombination dieser beiden Länder war zweifellos ein starkes Argument für die Durchführung der Maßnahme. Großbritannien befürchtete vor allen Dingen die möglichen Gesundheitsschäden des Bleis, die Bundesrepublik wollte unverbleites Benzin, um andere Kraftfahrzeugemissionen senken zu können, von denen man annahm, daß sie zum Waldsterben beitrugen. Abgas-Katalysatoren, die vor allem Stickoxide, Kohlenmonoxid, Kohlenwasserstoffe und Formaldehyd in den Verbrennungsgasen unschädlich machen, können nur mit unverbleitem Benzin betrieben werden.

Die Verhandlungen um neue Werte für Kraftfahrzeugemissionen erwiesen sich als außerordentlich schwierig, da hiermit zugleich ein Stück Industriepolitik verbunden war. Es traf sich, daß die Automobilindustrie in der Bundesrepublik besser für die Einführung neuer Abgaswerte gerüstet war, und deshalb auch im Vergleich zur Automobilindustrie anderer Länder sich zugleich einen Marktvorteil erhoffen konnte. Erst nach sehr mühsamen Verhandlungen konnte ein Kompromiß erzielt werden, der die allmähliche Einführung neuer Abgaswerte über einen Zeitraum von acht Jahren vorsah, wesentlich langsamer als von der Bundesrepublik aus Umweltschutz- und industriepolitischen Gründen erwünscht.

Bei diesen Verhandlungen wurde eine scheinbar rein innenpolitische Frage zu einem internationalen Stolperstein: die Bundesrepublik ist das letzte Land Europas - vermutlich sogar das letzte Land der industrialisierten Welt - welches auf seinen Autobahnen keine Geschwindigkeitsbegrenzung kennt. Die Einführung einer Begrenzung gilt seit langer Zeit als politisch unmöglich; schnell fahrende Autos emittieren jedoch sehr viel mehr Verunreinigungen als langsamer fahrende. Manche Mitgliedsstaaten der EG fanden sich nicht zu einer beschleunigten Einführung neuer Abgaswerte bereit, da sie die Argumente der Bundesrepublik nicht überzeugend fanden, solange mögliche Sofortmaßnahmen - wie die Einführung einer Geschwindigkeitsbegrenzung auf bundesdeutschen Autobahnen - nicht ergriffen wurden.

Ein von Bonn in Auftrag gegebener Großversuch, bei dem ermittelt werden sollte, wie stark der Schadstoffausstoß des Verkehrs durch ein Tempo-Limit verringert werden könnte, brachte ein Ergebnis, das die Bundesregierung in ihrer Haltung bestätigte. Auf vergleichbaren Autobahnstrecken, jeweils mit und ohne Geschwindigkeitsbegrenzungen, wurden mehrere Monate lang die Abgaswerte gemessen. Tempo 100, so das Fazit der Prüfer, würde die Stickoxid-Emissionen nur um gut zehn Porzent verringern, was eine Reduzierung der Gesamtschadstoffe, die zum Waldsterben beitragen, nur um gerade ein Prozent bedeuten würde.

Wie sich hinterher herausstellte, hatte der Test entscheidende Mängel. Auf den Versuchsstrecken hatte sich nur etwa ein Drittel der Autofahrer überhaupt an die Geschwindigkeitsbegrenzung gehalten. Bei verbesserter Geschwindigkeitsdisziplin hätten die Stickoxid-Emissionen um mehr als das Fünffache gesenkt werden können. Und ein zweites Phänomen ließ im Nachhinein auch in der Bundesrepublik die Diskussion um ein Tempo-Limit wieder aufleben. Infolge der Schreckensmeldungen vom Waldsterben war während des Testzeitraums insgesamt langsamer gefahren worden, was sich auch in einem deutlichen Rückgang der Zahlen der Unfalltoten ausdrückte. Bei dem Großversuch war also die Wirkung eines Tempo-Limits nicht unter langfristig normalen Bedingungen erfaßt worden, sondern es wurden insgesamt niedrigere Schadstoffeinsparungen gemessen als durch eine Geschwindigkeitsbegrenzung tatsächlich zu erzielen wären.

Bei weitem am schwierigsten dürften jedoch die noch anhaltenden Verhandlungen über eine Verringerung der Gesamtemissionen an Schwefeldioxid in allen Staaten der EG werden. Hier stoßen sowohl eine unterschiedliche Bewertung der Gefährlichkeit des Schwefeldioxid als auch unterschiedliche Rechts- und politische Systeme relativ scharf aufeinander, wobei vor allen Dingen Großbritannien nicht davon überzeugt ist, daß derartige Maßnahmen dringend geboten sind.

## Fallbeispiel Smog im Ruhrgebiet

Im Januar 1985 wurde zum erstenmal in der Geschichte der Bundesrepublik Deutschland Smog-Alarm der Stufe II ausgerufen. Fast eine Woche lang war in den Zentren der Großstädte des Ruhrgebiets vom 13. Januar an der private Kraftfahrzeugverkehr eingeschränkt, Industriebetriebe und Kraftwerke mußten ihre Produktion drosseln und auf schadstoffarme, meist schwefelarme, Brennstoffe umstellen. Inzwischen hat es noch mehrfach, auch in anderen Teilen der Bundesrepublik solchen Smog-Alarm mit Fahrverboten für private Kraftwagen gegeben.

Auslöser des Smog-Alarms 1985 war eine austauscharme Wetterlage. Warmluft in höheren Luftschichten und tiefe Temperaturen in Bodennähe verhinderten, daß ein vertikaler Austausch der Luftmassen stattfand. Gleichzeitig herrschte Windstille, so daß auch nicht durch horizontale Luftbewegungen frischer Sauerstoff herangeführt und abgashaltige Schwaden fortgeweht und verteilt werden konnten. Schadstoffe von Heizungen, Kraftwerken und Fahrzeugen reicherten sich in außerordentlich hohen Konzentrationen an. Der Schwefeldioxidgehalt stieg auf über 1,4 Milligramm pro Kubikmeter.

Die Luftqualität im Ruhrgebiet war bereits Anfang der 60er Jahre zum Politikum geworden. Im Landtagswahlkampf 1961 war erstmals mit der Forderung um Wählerstimmen geworben worden, »der Himmel über der Ruhr muß wieder blau werden«. Mit aufgrund des geschärften Umweltbewußtseins der Bevölkerung wurde für das Ruhrgebiet ein Smog-Alarmplan ausgearbeitet, der die Regierung im Falle erhöhter Schadstoffkonzentrationen zu Gegenmaßnahmen ermächtigte.

**Smog Alarmplan Berlin**

Es gibt drei Stufen (entsprechend den Schadstoffkonzentrationen):

| | Stufe 1 | Stufe 2 | Stufe 3 |
|---|---|---|---|
| Schadstoff-grenzen | (= Vorwarnung. Schon jetzt mit erhöhter Aufmerksamkeit Rundfunknachrichten verfolgen) | (Es ist mit Gefahren für die Gesundheit zu rechnen) | (Hohe Gesundheitsgefahren, katastrophenähnlicher Zustand) |
| Schwefeldioxid oder | 0,8 mg/m³ | 1,6 mg/m³ | 2,4 mg/m³ |
| Kohlenmonoxid | 30,0 mg/m³ | 60,0 mg/m³ | 90,0 mg/m³ |

Wenn beide Stoffe gleichzeitig auftreten, vermindern sich die Schadstoffgrenzen.

Was ist in den einzelnen Stufen zu tun?

| Stufe 1 | Stufe 2 | Stufe 3 |
|---|---|---|
| In der Phase einer verschärften Vorwarnung sind alle aufgefordert: Vermeiden Sie weitere Luftverunreinigungen! | Fahrverbot für Kraftfahrzeuge in der Zeit von 6 bis 10 Uhr und 15 bis 20 Uhr. Bestimmte Anlagen dürfen nur noch schwefelarme Brennstoffe benutzen. | Ganztägiges Fahrverbot für Kraftfahrzeuge. Industrieanlagen, bis auf bestimmte Ausnahmen, werden stillgelegt. |

*Quelle: Bundesminister des Innern (Hrsg.), Luftreinhaltung, a.a.O., S. 30*

Das Ruhrgebiet war es auch, wo 1979 - erstmals in der Bundesrepublik - Smog-Alarm der Stufe I ausgelöst wurde. In West-Berlin gab es im Winter 1981/82 mitbedingt durch die Braunkohlefeuerungsanlagen der DDR gleich viermal Smog-Alarm der Stufe I, die aber noch keine konkreten Anordnungen beinhaltet, sondern nur zu Apellen an Industrie und Bevölkerung führt. Öffentliche Unternehmen, Fernheiz- und Kraftwerke können den Betrieb drosseln und auf schadstoffarme Energieträger umstellen.

Da der Smog-Alarm im Ruhrgebiet im Januar 1985 mit Produktionseinbußen für die Industrie verbunden war, weil Anlagen still-

gelegt werden mußten und tausende von Arbeitnehmern nicht
oder nur mit großen Verspätungen an ihre Arbeitsplätze kamen,
übten Unternehmen und Wirtschaftsverbände zum Teil heftige
Kritik am Smog-Alarm. In benachbarten Bundesländern, die über
keine Smog-Verordnung verfügen, war der Betrieb trotz ähnlich
hoher Schadstoffkonzentrationen wie im Ruhrgebiet, ungehindert
weitergegangen. Die Landesregierung von Nordrhein-Westfalen
überarbeitete daraufhin die Smog-Verordnung.

### Politischer Schwefel
*Der Smogalarm in Nordrhein-Westfalen hat einen bizarren Poli-
tikerstreit ausgelöst.*

*Die Umweltminister der Bundesländer sahen sich vor die Frage
gestellt, was die Rettung eines Menschenlebens Steuerzahler und
Wirtschaft kosten darf.*

*»Eiskalt berechnet«, erinnert sich der Hamburger Umwelt-Staats-
rat Fritz Vahrenholt, hatten Statistiker bereits vor zwei Jahren
aufgrund internationaler Erfahrungen, wie viele Menschen sterben müssen, wenn die damaligen, von Umweltschützern als viel
zu lasch kritisierten Smogalarm-Werte unverändert in Kraft blieben.*

*Resultat: Bei Stufe I der alten Verordnung sei, wenn der Giftnebel
länger als 24 Stunden anhält, mit drei bis vier Toten pro eine
Million Einwohnern zu rechnen, bei Stufe II und III mit einer
»Übersterblichkeit« von 15 beziehungsweise 30 Todesfällen.*

*Vahrenholt war, ebenso wie Umweltpolitikern und -beamten al-
ler anderen Bundesländer, nach Lektüre der Todesfallstatistik
»klar, daß man das novellieren mußte«: »Die dort genannten
Werte mußten drastisch gesenkt werden.« Im Herbst letzten Jahres verabschiedeten die Ländervertreter einmütig die Empfeh-
lung, die Smogalarm-Verordnungen schleunigst zu verschärfen.*

*Letzte Woche war das überparteiliche Einvernehmen vorüberge-
hend dahin. Als das neue Smogrecht erstmals, in Nordrhein-
Westfalen, auf die Probe gestellt wurde, brach bundesweit ein
skurril anmutender Streit aus: Die Giftschwaden waren kaum
verflogen, da machte sich »politischer Schwefel« (»Süddeutsche
Zeitung«) über die Republik breit.*

*Buhmann für CDU-Politiker wie auch für SPD-Revierbürger-
meister, für Wirtschaftssprecher und einige Leitartikler war der
Düsseldorfer Arbeits- und Gesundheitsminister Professor Fried-*

*helm Farthmann (SPD). Er hatte zügig den Beschluß der Um-
weltminister-Konferenz umgesetzt, die alte Smogverordnung zu
reformieren; er mußte aufgrund der Wetterlage und der neuen
Werte am Freitag vorletzter Woche als erster die Alarmstufe III
auslösen: generelles Fahrverbot sowie Drosselung oder Stillegung
der Produktion in Hunderten von Betrieben.*

*(...)*

*Kurioserweise lasteten Wirtschaftssprecher und Leitartikler dem
Alarmgeber Farthmann auch an, was er selbst als Erfolg seiner
Smogschutz-Vorkehrungen gewürdigt wissen möchte: Daß die
Luftbelastung trotz Inversionswetterlage »in den Krankenhäusern
des Reviers nicht zu auffallenden Zugängen an Patienten geführt
hat« (»Die Welt«), belegt nach Ansicht der Farthmann-Kritiker
die These, daß der Alarm überflüssig gewesen sei, nach Auffas-
sung des Ministers jedoch, daß der Alarm das Schlimmste verhindert habe.*

*(...)*

*Allmählich erst erschloß sich letzte Woche dem Publikum an
Rhein und Ruhr, daß es keinen Grund hat, sich des Smogalarms
zu schämen: In anderen Bundesländern herrschten an jenen Tagen ähnliche Luftverhältnisse, ohne daß die Bevölkerung dort
auch nur halbwegs gewappnet waren. »Wir haben hier«, erklärte
Farthmann den Unterschied, »die besseren Gesetze.«*

*Tatsächlich haben sich, abgesehen von Nordrhein-Westfalen
und Hessen, die Umweltbürokratien sämtlicher Bundesländer
bislang außerstande gezeigt, den Umweltminister-Beschluß vom
vergangenen Jahr in eine Verordnung umzusetzen. Vielerorts
mangelt es sogar an Smogwarntafeln, in einigen Städten selbst
an Meßgeräten.*

*(...)*

*In weiten Teilen Hessens, in Hamburg und Hannover, auch im
Harz und in der Lüneburger Heide war der Schwefeldioxidgehalt
der Luft so hoch, daß die Behörden zum Teil die Alarmstufe II
hätten auslösen können, wenn sie die Musterverordnung der
Umweltminister nur ähnlich rasch wie die Düsseldorfer Regierung umgesetzt hätten.*

*In Hessen, wo eine neue Smogverordnung am 1. Februar in
Kraft tritt, mußte sich die Landesregierung letzte Woche denn
auch Kritik ganz anderer Art gefallen lassen, als Farthmann sie
zu hören bekommen hatte: In Kassel blockierten Umweltschützer*

*eine Innenstadtkreuzung, um gegen die »kriminelle Tatenlosig-*
*keit« der Wiesbadener Landesregierung zu protestieren, die sich*
*mit der Vorbereitung der neuen Verordnung ein paar Wochen*
*länger Zeit gelassen hatte als Farthmann.*[5]

---

5  Der Spiegel, 28.1.1985

# 9. Boden

Grundbesitz gilt als Grundlage der demokratischen und markt-
wirtschaftlichen Gesellschaften. Der Grundbesitz wird bereits seit
Jahrhunderten rechtlich geregelt, so daß jede Erinnerung an eine
Zeit, als Grund und Boden noch ohne Eigentümer waren und wie
heute Wasser oder Luft als frei verfügbar behandelt wurden, verloren ist. Deshalb wird leicht vergessen, daß auch der Boden eine
natürliche Ressource ist, die im Interesse der Gemeinschaft und
zukünftiger Generationen erhalten werden muß.

In der Bundesrepublik Deutschland wird der Boden außerordentlich intensiv genutzt.

Erst seit kurzer Zeit hat der Umweltschutz sich den Problemen
des Bodens in einer hochindustrialisierten Gesellschaft zugewandt.
Anders als Wasser und Luft ist der Boden nicht unmittelbar lebensnotwendig für den Menschen; mittelbar ist seine Bedeutung
nicht minder groß.

*Der Boden, ehemals höchstes Hab und Gut der Landwirte, ist
ins Gerede gekommen. In der Europäischen Gemeinschaft verzeichnen die Böden seit 1930 einen Anstieg des Cadmium-Ge-
halts von 160 auf 380 Mikrogramm je Kilogramm. Und: Die
schwedischen Umweltmediziner Dr. Carl-Gustav Elinder und
Dr. Tord Kjellström fanden in menschlichen Nieren aus der Zeit
der Jahrhundertwende nur rund ein Viertel so viel Cadmium wie
in jenen heute. Denn Schwermetalle sind nur schwer abbaubar
und reichern sich nach und nach an: erst im Boden, später - über
die Nahrung - im Menschen.*[1]

*Die bodenkundliche Wissenschaft bezeichnet als Boden den
obersten Bereich der Erdkruste, der durch Verwitterungsprozesse
gebildet wird und Luft, Wasser und organische Substanzen enthält.*

*Im umweltpolitischen Zusammenhang wird diese Definition er-
weitert. Zu der nach ihr nur einige Zentimeter bis wenige Meter
dicken, obersten Bodenschicht soll ferner der gesamte Unter-*

---

1  Koch, Vahrenholt, a.a.O., S. 69

*grund einschließlich des Grundwassers gezählt werden. Dies ist sinnvoll, weil die meisten Belastungen und Gefährdungen sich in einem gewissen Maße auf beide Medien, Boden und Grundwasser auswirken.*
*Als wesentlich werden die folgenden Bodenfunktionen angesehen:*
*1. Filterfunktion (Boden als Filter und Puffer für Schadstoffe).*
*2. Produktionsfunktion (Boden als Grundlage für die landwirtschaftliche Nahrungsmittelproduktion).*
*3. Naturschutzfunktion (Boden als Standort und Lebensraum für Flora und Fauna).*
*4. Rohstoff-Funktion (Boden als Reservoir oberflächennaher, mineralischer Rohstoffe, sog. Bodenschätze).*
*5. Standort-Funktion (Boden als Standort für bauliche Einrichtungen)*[2]

Der Mangel an unmittelbaren Gesundheitsfolgen einer Bodenverschmutzung mag erklären, weshalb dieser Bereich lange vernachlässigt wurde. Das hat wiederum dazu geführt, daß Verschmutzungen von Wasser und Luft allmählich auf den Boden übertragen wurden. Oft bedeutet die Beseitigung von Wasser- und Luftverunreinigungen, daß ein zusätzliches Abfallprodukt entsteht, welches auf dem Land beseitigt werden muß. Ein gutes Beispiel hierfür sind die Schlämme aus Kläranlagen. Der Klärschlamm ist meistens reich an für die Landwirtschaft wertvollen organischen Stoffen. Er wird deshalb traditionell zur Düngung verwendet. In den letzten Jahren wurden jedoch in zunehmendem Maß gefährliche chemische Stoffe, welche die Fruchtbarkeit des Bodens beeinträchtigen oder in das Grundwasser eindringen können, im Klärschlamm entdeckt. Die Folge ist, daß aus Klärschlämmen gefährliche Abfälle werden, die nur unter besonderen Vorsichtsmaßnahmen beseitigt werden können.

*Klärschlamm*
*Bezeichnung für den bei der Reinigung von Abwässern anfallenden Schlamm. K. aus Haushaltsabwässern enthält viele Nähr- und Humusstoffe und kann unter bestimmten Voraussetzungen als Düngemittel verwendet werden. Hierzu muß der K. jedoch ausgefault bzw. pasteurisiert werden, um die in ihm enthaltenen Krankheitskeime abzutöten. K. kann Schwermetalle (z.B. Cadmium, Quecksilber) enthalten, wenn Abwässer aus*

---

2   Michelsen, a.a.O., S. 238

*Industrie- und Gewerbebetrieben mit Haushaltsabwässern gemeinsam gereinigt werden.*[3]

Die Schadstoffgehalte aus dem Abwasser, die sich bei der Aufbereitung im Klärschlamm konzentrieren, stellen langfristig die Wasserreinhaltungspolitik in Frage, die sich auf Kläranlagen verlassen muß. Immer mehr Klärschlamm muß wie Sondermüll deponiert werden.

*Während 1970 in der Bundesrepublik Deutschland ca. 14,5 Mio m³ K. anfielen, stieg die anfallende Menge im Jahre 1979 aufgrund der vergrößerten Kläranlagenkapazität auf ca. 34 Mio m³. Dabei fallen in kommunalen Kläranlagen pro Einwohner ca. 480 l K. pro Jahr mit einer durchschnittlichen Trockensubstanz von 5% an.*

*Abwässer müssen genauer kontrolliert, die Entstehung von Schadstoffen verhindert werden: Durch Umstellung der Produktion auf andere Verfahren, Rohstoffe und bessere Recyclingstrategien.*[4]

Der Bodenschutz ist ein besonders komplexer Bereich des Umweltschutzes, da man sämtliche anderen Umweltmedien miteinbeziehen muß. Ohne einen ökologischen Systemansatz werden auf diesem Gebiet kaum Erfolge zu erzielen sein. Nur ein kleiner Teil des Bodens, der industriell oder von Verkehrsanlagen benutzt wird, wird direkt intensiv belastet. Ein weiterer, bedeutender Teil ist landwirtschaftlich genutzt, so daß Düngemittel und Pestizide unmittelbar aber weit verstreut eingebracht werden und Verschmutzung verursachen können (Siehe Kapitel 4). Der gesamte Boden der Bundesrepublik Deutschland unterliegt jedoch einer Vielzahl von Einflüssen, die indirekt und unabhängig von der tatsächlichen Bodennutzung über Luft und Wasser einwirken. In der Landwirtschaft hat man zum Beispiel beobachtet, daß selbst Bauern, die keine Pestizide oder Kunstdünger verwenden, mit Rückständen in ihrer Frucht rechnen müssen.

Verunreinigungen, die ins Wasser gelangen, werden fortgeschwemmt und zum Teil durch die Selbstreinigungskraft des Wassers biologisch abgebaut, aber ein Rest bleibt stets übrig und wird letztlich im Sediment oder am Meeresboden abgelagert. Inzwischen ist das Baggergut, welches in Häfen wie Rotterdam oder

---

3 Bundesministerium des Innern, Abfall, a.a.O., S. 133-134
4 a.a.O.

Hamburg gewonnen wird, stark mit chemischen Stoffen verschmutzt und muß wie ein gefährlicher Abfall behandelt werden.
Verunreinigungen, die in die Luft gelangen, werden meistens
auf Pflanzen, Gebäuden und vor allem im Boden abgelagert. Dort
kommt es zu komplexen, bislang wenig erforschten chemikalischen
Vorgängen, aber für manche Stoffe erweist sich der Boden als
Sammelbecken der Verunreinigungen; eine andauernde leichte
Verschmutzung kann auf diese Weise mit der Zeit zu einer akuten,
schwerwiegenden Belastung des Bodens führen.

Die Langfristigkeit der Entwicklungen im Boden bedeutet auch,
daß heute ergriffene Maßnahmen erst nach längerer Zeit Verbes-
serungen versprechen. Wie kaum ein anderer Bereich erfordert
Bodenschutz langfristige, vorbeugende Maßnahmen. Die Folgen
der Bodenverschmutzung sind bislang nur wenig erforscht. Bekannt ist, daß bestimmte Schwermetalle wie Blei, Quecksilber oder
Cadmium, zu einer Verringerung der Fruchtbarkeit führen. Und
Schwermetalle reichern sich auch in Pflanzen an. Waldpilze beispielsweise, die in der Nähe verkehrsreicher Straßen wachsen,
dürfen wegen zu hoher Werte als Lebensmittel meist nicht mehr in
den Handel gebracht werden. Im Umkreis der bundesdeutschen
Großstädte über 500 000 Einwohner gelten Pilze generell als un-
genießbar.

Auch zum Phänomen des Waldsterbens tragen vermutlich Veränderungen im Boden bei.

*Forstökologen haben festgestellt, daß durch die Versauerung des
Bodens vor allem Aluminium-Ionen freigesetzt werden, die den
Feinwurzeln der Bäume zusetzen. Die Folge: Im Baumstamm
bilden sich sogenannte Naßkerne. Sie blockieren Nährstoff- und
Wassertransport. Die Bäume leiden Hunger und Durst zugleich -
sie sterben ab.*[5]

Da Bodenverschmutzung häufig indirekt verursacht wird, kann sie
auch nur durch indirekte Maßnahmen bekämpft werden. Das hat
jedoch zugleich zur Folge, daß der Erfolg oder Mißerfolg von
Maßnahmen nur schwer nachzuweisen sind.

*Bereits jetzt zeichnet sich ab, daß besonders in den Gebieten
»Stoffliche Einwirkungen auf den Boden«, »Veränderungen der
Bodenstruktur« sowie »Beanspruchungen des Bodens durch
räumliche Einwirkungen« die Schwerpunkte einer zukünftigen*

5  Koch, Vahrenholt, a.a.O., S. 48

*Bodenschutzpolitik liegen werden. Generell gilt: Alle, auch die
potentiell belastenden Eingriffe auf den Boden, seien sie nun ge-
zielt oder ungewollt, sind zukünftig zu minimieren. Dieses Mini-
mierungsgebot muß für die Immissionen von nicht abbaubaren
Stoffen und für saure Niederschläge ebenso gelten wie für
Dünge- und Pflanzenschutzmittel und muß den Umgang mit
wassergefährdenden Stoffe mit einschließen.*[6]

Aber auch direkte Einwirkungen auf den Boden führen zu
enormen Belastungen. Mülldeponien verschiedenster Art sind
inzwischen so zahlreich, so groß und oft mit dermaßen
gefährlichen Stoffen beschickt worden, daß von ihnen eine
Bedrohung des umgebenden Erdreichs und des Grundwassers
ausgeht. Sind aber erst Grundwasserströme mit Schadstoffen
belastet, droht eine großräumige Kontamination des Bodens.

*Teilweise bis in die sechziger Jahre hinein konnten die
Gemeinden eigenständig über Deponiestandorte entscheiden.
Oft erhielten wilde Müllkippen nachträglich den amtlichen
Segen. Und meist wurden auch noch Grundwasseraufschlüsse
wie stillgelegte Steinbrüche oder Kiesgruben dazu ausersehen, die
gefährliche Fracht aufzunehmen. Waren sie voll, wurden sie mit
Erde abgedeckt. Von schätzungsweise 20 000 solcher Müllkippen
weiß man heute nicht einmal mehr den Standort. Wahre
Horrormeldungen kommen in dieser Beziehung aus den
Vereinigten Staaten. Traurige Berühmtheit erlangte eine Siedlung
am »Love Canal« in der Nähe der Niagarafälle. Jahrzehntelang
wude in das Bett des nicht mehr genutzten »Liebeskanals«
giftiger Abfall gekippt. Nachdem der Müll unter aufgeschütteter
Erde verschwunden war, verkaufte der Grundstücksbesitzer das
Areal als günstiges Bauland. 1978 durchdrangen die alten
Giftstoffe in den Kellern der inzwischen erbauten Häuser Wände
und Böden. 237 Familien mußten evakuiert werden. Bei elf von
36 untersuchten Bewohnern wurden Chromosomenschäden
festgestellt.
Aber auch die Bundesrepublik blieb nicht verschont von den
Folgen solcher Umweltsünden.*[7]

---

6  a.a.O.
7  Peter Meroth, Mülldeponie - wächst wirklich Gras darüber?, in: Kosmos
10/1986, S. 18

## Fallbeispiel Siedlung Brake

Im Herbst 1983 mußte die Stadtverwaltung von Bielefeld erkennen, daß eine ganze Siedlung auf verseuchtem Boden errichtet worden war - auf den Altlasten einer alten, ungeordneten Mülldeponie.

Dr. Uwe Lahl, Umweltschutzdezernent der Stadt, schrieb dazu in der Süddeutschen Zeitung vom 20. Mai 1986:

**Die schwere Last der Altlasten**

*Ein Fall unter vielen: In den 60er Jahren hatte die Stadt Bielefeld - wie auch ein privater »Entsorger« - der Versuchung nicht wiederstehen können, Hausmüll, Industrieabfälle und galvanische Schlämme in eine von der heimischen Tonindustrie einladend offen gelassene Kuhle zu verbringen. Nach notdürftiger Überdeckung mit ungefähr einem Meter Boden wurde die Fläche zur Bebauung freigegeben. Die Siedlung Brake wurde errichtet, die Häuser wurden bezogen. Da brachte eine Kellerausschachtelung an den Tag, auf welches Pulverfaß die glücklichen Eigenheimer gebaut hatten: Gasaustritte wurden festgestellt, Bodenverunreinigungen und Wasserverschmutzungen vermutet. Die Ouvertüre endete mit einem Paukenschlag: Der Aachener Toxikologe Joachim Einbrodt stellte fest, daß Deponiebewohner und Anwohner medizinische Auffälligkeiten in Blut und Urin aufwiesen: Mittlerweile sind nahezu alle Häuser der Deponie wieder geräumt; die Bewohner wurden von der Stadt großzügig für den entstandenen Sachschaden entschädigt. Was bleibt, ist natürlich die Angst vor gesundheitlichen Folgeschäden - und das Problem der »Sanierung«; Sanus (lateinisch) bedeutet »gesund«, Sanierung folglich Wiederherstellung der Gesundheit. Wann aber ist eine Altlast »saniert«? Wenn keine meßbaren Schadstoffmengen mehr austreten? Wenn der verseuchte Boden ausgebaggert und auf die Nachbar-Deponie gebracht worden ist? Genaugenommen kann man den betroffenen Anwohnern nur versprechen, daß eine Schadensbegrenzung versucht wird mit Maßnahmen oder Bauwerken von begrenzter Wirksamkeit und Lebensdauer. Mehr gibt die gegenwärtige »Sanierungstechnik« in der Regel nicht her, und auch das ist schon teuer genug.*

*Der Stadt drohen noch mehr solcher »Fälle«. Eine intensive Bestandsaufnahme erbrachte die Bilanz von rund 560 Verdachts-*

*flächen. Etwa 10 Prozent werden als akut gefährlich eingestuft. Ein gutes Dutzend wurde nun bisher mit finanzieller Unterstützung des Landes (200 000 Mark) zunächst in die engere Wahl einer Detail-Überprüfung gezogen. So zum Beispiel ein Kinderspielplatz, der Schwermetalle wie Chrom, Nickel oder Blei gleich Gramm-weise im Kilo Boden aufweist. Rund um die größte Bielefelder Kläranlage wurden über Jahrzehnte Abwässer und Klärschlamm auf die Böden gebracht. Hier liegen die Gehalte von Benzo(a)pyren - einem der Krebsauslöser im Tabakrauch - bei mehreren Milligramm pro Kilogramm Boden. Zum Vergleich: nichtkultivierte Erde enthält etwa 0,001 bis 0,010, mit organischem Dünger behandelter Acker etwa 0,025 bis 0,040 Milligramm Benzo(a)pyren pro Kilogramm Boden.*

*Maulwurf wird fündig*

*Ein Maulwurf betätigte sich zum Jahreswechsel 1986 intensiv auf der weitläufigen Rasenfläche einer Schule. Seine kleinen Hügel hatten stellenweise eine grünblaue Verfärbung. Diese rührte, wie Analysen ergaben, von den Schlämmen einer ortsansässigen Gerberei her, deren Chromgehalte Spitzenwerte bis zu 60 Gramm pro Kilogramm betrugen. Bei dem Versuch, diese Schlämme nach dem Winterfrost in den Osterferien zu entfernen, erwies sich diese Altlast als Faß ohne Boden: Je tiefer der Bagger kam, desto höher wurden die Belastungen. Immerhin 20 Lkw-Ladungen gingen auf die Reststoffdeponie der Stadt, bevor die Mitarbeiter des Wasserschutzamtes das Handtuch warfen. Über die Gesamtmenge der abgelagerten Chromschlämme fehlen bislang konkrete Informationen.*

*Wohin mit diesen giftigen Altlasten? Die Deponien sind selbst ohne Altlastenaushub mit den Reststoffen der Müllverbrennungsanlage und Gewerbeabfällen überfüllt. Eine überregionale Ablagerungsmöglichkeit in Nordrhein-Westfalen für kontaminiertes Erdreich bietet sich nicht, und nach Schöneberg/DDR soll der Dreck auch nicht. Also noch mehr Warntafeln und Zäune? Die gegenwärtige Situation erscheint absurd. Offensichtlich können die notwendigen baulichen Schutzmaßnahmen aus dem Kommunalhaushalt nicht finanziert werden. Hunderttausende, ja Millionen werden weiter für Untersuchungen ausgegeben. Untersuchungen haben bekanntlich den Charakter eines Seditivs. »Wenden Sie sich an die Stadtverwaltung, dort erfahren Sie Ihren Cadmiumwert!« Und dann? Was den Kommunen, was*

den Städten fehlt, das sind die Milliarden, die den Untersu-
chungsmillionen folgen müssen - aber von den Verursachern.

# 10. Medienübergreifende Ansätze: Abfallprobleme und Chemikalien

Ökologische Prinzipien lehren, daß die Probleme der Umwelt unteilbar sind: Luft, Wasser, Erde hängen eng miteinander zusammen. Im Prinzip sollte versucht werden, diese ökologische Verknüpfung stets zu bedenken. In der Praxis ist es jedoch erforderlich, die aufkommenden Probleme so lange zu unterteilen, bis sie in den beschränkten Zusammenhängen moderner Staatsorganisation gehandhabt werden können. Die Politik kann auch Probleme von größter Komplexität und Tragweite nur durch jeweils scharf umrissene praktische Ansätze behandeln. Deshalb ist der Umweltschutz nach wie vor überwiegend »medial« geordnet, das heißt nach den einzelnen Umweltmedien Wasser, Luft, Boden, sowie zusätzliche Fragen des Lärms und der Kontrolle von Chemikalien.

Es wird zunehmend deutlich, daß auch Methoden entwickelt werden müssen, um einzelne Umweltmedien in ihrem ökologischen Zusammenhang zu sehen.

*Für die Umweltpolitik bildet das Ökosystemkonzept die Grundlage zur Abschätzung der Folgen menschlicher Umwelteingriffe. Dabei soll die ganzheitliche Systemsicht verhindern, daß bei Umwelteingriffen oder bei Umweltschutzmaßnahmen nur die nächstliegende Wirkung und der unmittelbar betroffene Umweltbereich - z.B. die Verschmutzung eines Gewässers oder der Luft - betrachtet werden. Vielmehr muß die Umweltpolitik in einer gegebenen Entscheidungssituation möglichst alle Auswirkungen auf Tiere, Pflanzen und Menschen sowie auf die unbelebte Umgebung in den Blick bekommen. Hierfür sind allerdings noch umfangreiche Forschungen erforderlich, da über die Zusammenhänge in Ökosystemen breite Wissenslücken bestehen. Die Umsetzung der Systemsicht in konkrete Aktionen stößt daher in der Praxis auf vielfältige Schwierigkeiten.*[1]

Zwei Themen der Umweltpolitik, die in den letzten Jahren zunehmende Bedeutung erlangt haben, beinhalten in der Praxis

---

1  Hartkopf, Bohne, a.a.O., S. 23

einen breiten, letztlich medienübergreifenden Ansatz: jede Form der Umweltverschmutzung ist letztlich eine Form der Abfallbeseitigung, und Emissionen sind in aller Regel mit chemischen Stoffen verbunden: Abfall- und Chemikalienpolitik führen, konsequent betrieben, auf eine medienübergreifende Politik hin.

## Abfallbeseitigung

Im Mittelalter wurden Haushaltsabfälle einfach vor die Tür geworfen. In den Städten hatten bestimmte Klöster das Recht, ihre Schweine in den Straßen frei laufen zu lassen, die so mit den Abfällen der Haushalte gemästet wurden - eine Frühform des Recyclings. Die Folgen dieser Form der Abfallbeseitigung für Menschen und Umwelt sind eindeutig feststellbar: eine ständige Verschmutzung der lokalen Umwelt und die Verbreitung von Seuchen. Auch die Beseitigung menschlicher Fäkalien war unzulänglich.

Im 19. Jahrhundert, als Europa schon sehr dicht besiedelt war, wurden die Gefahren derartiger Abfallbeseitigung erkannt; es entstand in den Industrieländern eine geordnete Abfallbeseitigung und Kanalisation. Die Verunreinigung wurde vielfach von den Menschen entfernt und der Umwelt aufgebürdet. Zugleich begann die Industrialisierung einen ständig wachsenden Strom von Abfällen zu erzeugen. Dieser entsteht vielfältig:
-  bei der Produktion von Gütern entstehen Emissionen und Abfälle
-  durch den Transport können abermals Abfälle entstehen
-  beim Verkauf werden oft Verpackungen entfernt
-  beim Endverbraucher, sowohl durch den Gebrauch von Gütern als auch nach dem Gebrauch.

Nach wie vor gelangt ein bedeutender Teil dieser Abfälle als Emissionen direkt in die Luft oder das Wasser. Der Rest gelangt, oft unter Schwierigkeiten, in die Abfallbeseitigung.

Gewöhnlich wird zwischen Haushalts- und Industrieabfällen sowie zwischen gefährlichen und anderen Abfällen unterschieden. Beide Gruppierungen überschneiden sich, das heißt ein Teil der Haushaltsabfälle ist durchaus als gefährlich anzusehen, und ein Teil der Industrieabfälle kann unbedenklich mit den Haushaltsabfällen zusammen behandelt werden. Dennoch gilt insgesamt, daß das Problem der Haushaltsabfälle ihr ständig zunehmendes Volumen und das Problem der Industrieabfälle ihre ständig zunehmende Gefährlichkeit ist.

Die Zunahme der Haushaltsabfälle ist auf steigenden Konsum und einschneidende Veränderungen bei der Verpackung von Konsumgütern zurückzuführen. Je mehr konsumiert wird, desto mehr Abfälle sind zu erwarten. Aber in den letzten Jahren sind in der Bundesrepublik Deutschland die Abfallmengen schneller gestiegen als der Konsum. Zum Teil ist dieses sogar ein Erfolg der Umweltpolitik: viele Maßnahmen zum Schutz von Luft und Wasser haben die »direkte« Abfallbeseitigung durch Emissionen erschwert oder unmöglich gemacht. Sofern keine Änderung der Produktionsweise eintritt, müssen die Stoffe, die früher in Luft und Wasser emittiert wurden, jetzt auf andere Weise beseitigt werden und bilden somit Teil des wachsenden Abfallberges. Nur zwei Maßnahmen können auf Dauer wirklich wirksam sein: die Vermeidung von Abfällen (durch Änderung der Produktionsverfahren oder der Konsumgewohnheiten) oder die Wiederverwendung von Stoffen und Gütern - das Recycling.

*Schon für 1982 war die Inbetriebnahme des mit Bundes- und Landesmitteln geförderten Rohstoff-Rückgewinnungszentrums Ruhr (RZR) in Herten geplant. Beabsichtigte Jahreskapazität: Aus 300 000 Tonnen Siedlungsabfällen sollen nach Aussortierung der Metallteile Brennstoffe hergestellt, aus 95 000 Tonnen Haus- und Sperrmüll, 27 000 Tonnen festen, pastösen und flüssigen Sonder- sowie 3000 Tonnen Krankenhausabfällen Strom und Fernwärme gewonnen werden.*

*Ursprünglich war die Wiedergewinnung einer Vielzahl von Wertstoffen geplant, vor allem aber Papier. Doch es erwies sich, daß das so produzierte Papier nicht marktfähig sein würde. Dadurch werde die Menge der nicht verwertbaren Stoffe des RZR größer sein als vorgesehen und die benachbarte Zentraldeponie Emscherbruch belasten.*

*Ein ähnliches Recycling-Zentrum wie in Herten arbeitet bereits seit Oktober 1981 in Neuss. Aus 300 000 Tonnen Müll von mehr als 200 000 Einwohnern gewinnt die Anlage jährlich etwa 3600 Tonnen Eisenschrott, 200 Tonnen Buntmetalle, 1800 Tonnen Glas, 4500 Tonnen Kunststoffe, 15 700 Tonnen Papier, 33 000 Tonnen Kompost - und Wärme, die genutzt wird, um Büro- und*

*Betriebsräume zu heizen. Überschüssige Wärmeenergie geht ins Fernwärmenetz.*[2]

Getränkeverpackungen spielen innerhalb der Abfallproblematik eine eigene, wichtige Rolle. Aus einer Reihe von Gründen besteht sowohl bei der Getränkeindustrie als auch bei Konsumenten die Tendenz, zunehmend sogenannte Einwegverpackungen zu verwenden, das heißt Behälter aus Glas, Metall oder Papier, die nur ein einziges Mal benutzt und dann weggeworfen, also Teil des Abfalls werden. Solche Behälter sind eine Erfindung des 20. Jahrhunderts: in früheren Zeiten waren Behälter jeder Art Wertgegenstände und wurden aufbewahrt und so lange wie möglich wiederverwendet. In weiten Teilen der Erde ist das weiterhin der Fall, und man begegnet in Ländern der Dritten Welt sogar Trinkgefäßen, die aus Giftbehältern hergestellt wurden.

Die Einwegbehälter werden selbst dann verwendet und gekauft, wenn sie deutlich teurer sind als Mehrwegverpackungen, die eingesammelt und gereinigt werden und deshalb ein anders strukturiertes Verteilungssystem erfordern. Vor allen Dingen eignen sich Einwegverpackungen besonders für Verwendungen, die Transport über große Entfernungen erfordern.

Die Bundesregierung hat mehrfach versucht, die Verwendung von Einwegverpackungen für Getränke durch freiwillige Maßnahmen der Industrie einzudämmen, jedoch bislang ohne Erfolg. Forderungen nach einem Verbot bestimmter Verpackungen werden immer lauter.

*Getränkeverpackungen (Getränke: Bier, Mineralwasser, kohlensäurehaltige und kohlensäurefreie Erfrischungsgetränke, Wein) haben im Jahre 1982 nach Ermittlungen des Umweltbundesamtes zu einer Abfallmenge von rund 1,8 Millionen Tonnen geführt. Rund 340 000 t davon entfielen auf Einwegverpackungen (Flaschen, Dosen, Kartonverpackungen). Hiervon wird ein nicht genau spezifizierter Teil (300 000 - 400 000 Tonnen) der Altglasverwertung zugeführt. Die zur Diskussion stehenden Getränkeverpackungen machen damit zwischen 7-8 Prozent der zu beseitigenden Hausmüllmenge aus.*

*Diese Zahlen zeigen, in welchem Umfang die Verwendung von Mehrwegverpackungen zur Abfallreduzierung beiträgt; denn rund 76,1 Prozent des gesamten Getränkeverbrauchs (1982 14,4 Mrd.*

---

2  Koch, Vahrenholt, a.a.O., S. 242

*Liter) wurden 1982 in Mehrwegverpackungen vertrieben. Durch die Verwendung von Mehrwegverpackungen wird die in Haushalten anfallende Abfallmenge um rund 20% verringert.*
*Der deutsche Lebensmittelhandel hat dem Bundesminister des Innern im Oktober 1982 zugesagt, den Marktanteil von Mehrwegverpackungen im Getränkebereich zu stabilisieren. Die Marktdaten des Jahres 1983 zeigen, daß diese Zielsetzung nicht ganz erreicht wurde. Der Marktanteil von Mehrwegverpackungen ist nach einer Steigerung im Jahre 1982 (76,1 Prozent) 1983 (75,1 Prozent) leicht hinter dem Ergebnis von 1981 (75,41 Prozent) zurückgeblieben.[3]*

Die Probleme der Haushaltsabfälle sind weitgehend bekannt, ebenso wie die möglichen Lösungen. Die Menge des anfallenden Mülls bedeutet, daß die endgültige Beseitigung zunehmend schwierig wird, weil geeignete Standorte für Deponien schwer zu finden sind. Diese Tatsache, sowie das Bedürfnis, Öl zu sparen, führt in der Bundesrepublik dazu, daß ein wachsender Anteil der Haushaltsabfälle verbrannt wird.

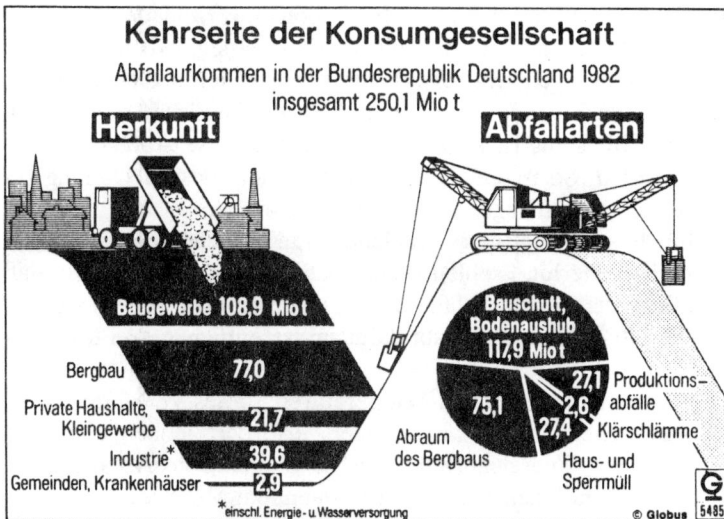

## Kehrseite der Konsumgesellschaft

Abfallaufkommen in der Bundesrepublik Deutschland 1982 insgesamt 250,1 Mio t

**Herkunft**

Baugewerbe 108,9 Mio t
Bergbau 77,0
Private Haushalte, Kleingewerbe 21,7
Industrie* 39,6
Gemeinden, Krankenhäuser 2,9

*einschl. Energie- u. Wasserversorgung

**Abfallarten**

Bauschutt, Bodenaushub 117,9 Mio t
Abraum des Bergbaus 75,1
Produktionsabfälle 27,1
Klärschlämme 2,6
Haus- und Sperrmüll 27,4

© Globus 5485

*Quelle: Umwelt Nr. 3 vom 31. Mai 1985, S. 19*

---

3  Umwelt 104 vom 24. Juli 1984, S. 32

Die Probleme der Industrieabfälle hingegen sind noch nicht in ihrem ganzen Umfang bekannt. Die Einführung neuer Gesetze zum Schutz von Wasser und Luft haben Ende der siebziger Jahre zu einem sprunghaften Anstieg der Abfallmengen der Industrie geführt, insbesondere des Schlamms aus Kläranlagen. Dieser Klärschlamm enthält einen hohen Anteil gefährlicher Stoffe, so daß eine Verwendung in der Landwirtschaft nicht in Frage kommt.

Gefährliche Abfälle - in der Bundesrepublik Sondermüll genannt - und ihre mögliche Folgen sind in den letzten Jahren ein Hauptthema der Umweltpolitik geworden. Grund hierfür sind sowohl die Probleme der Beseitigung neu anfallenden Sondermülls als auch die Folgen unvorsichtiger Beseitigung in früheren Zeiten. Gefährliche Abfälle gibt es bereits seit langer Zeit, aber erst mit der Industrialisierung traten sie in Mengen und Konzentrationen auf, die ernsthafte Schäden für Mensch und Umwelt befürchten lassen. Im ersten Jahrhundert des Industriezeitalters wurden die anfallenden Abfälle entweder in der Form von Emissionen »beseitigt« oder auf dem Boden abgelagert. So entstanden, über ganz Europa verstreut, zahlreiche Deponien verschiedener Größe. Zwei große Kriege, und die anhaltende Rüstung, haben auch eine riesige Menge gefährlicher Abfälle erzeugt, deren Gefährlichkeit mit der zunehmenden Vielfalt und Zerstörungskraft der Waffen zunahm. Meistens ist sogar unbekannt, wo diese Abfälle abgelagert wurden. So ist ein Gifterbe entstanden, dessen Umfang bis heute nicht genau abgeschätzt werden kann.

Die Beseitigung neu anfallender gefährlicher Abfälle wirft ebenfalls weiterhin Probleme auf: noch ist nicht sichergestellt, daß sämtliche derartigen Abfälle erfaßt, eingesammelt und unbedenklich beseitigt werden. Es gibt dafür im wesentlichen drei Möglichkeiten:

- Verbrennung bei hohen Temperaturen; dieses Verfahren ist bei organischen Stoffen anzuwenden, erfordert jedoch einen erheblichen Energieaufwand, da Erzeuger von Abfällen alle brennbaren Bestandteile in zunehmendem Maße selber wiederverwerten. Die Verbrennung kann Luftverunreinigungen erzeugen, die wiederum kontrolliert werden müssen, sowie Schlacken, die ihrerseits in Deponien beseitigt werden müssen.
- Neutralisierung: bestimmte chemische Abfälle können nur durch chemische Verfahren soweit umgewandelt werden, daß

sie entweder ganz unschädlich sind oder unbedenklich in Deponien gelagert werden können.

- Ablagerung: gefährliche Abfälle, die auf diese Weise nicht zu beseitigen sind, müssen gesammelt und an einem sicheren Ort gelagert werden. Diese Deponien müssen vor allen Dingen gegen das Grundwasser gut abgeschirmt sein, meistens durch eine wasserdichte geologische Schicht wie Lehm, und das von ihnen ablaufende Regenwasser muß gesammelt und in einer Kläranlage behandelt werden. In der Bundesrepublik Deutschland gibt es ein altes Salzbergwerk, in welchem besonders gefährliche, nicht flüssige Abfälle aufbewahrt werden. Diese Anlage ist einzigartig auf der Welt und dient der Lagerung zahlreicher chemischer Stoffe, für die keine andere Form der Beseitigung besteht.

Alle diese Formen der Abfallbeseitigung kosten Geld, zum Teil sogar viel Geld; kurzfristig gesehen sind Verbrennung und Neutralisierung besonders teuer, aber auch die Ablagerung kann sich als kostspielig erweisen, da dort untergebrachte Stoffe auf unbestimmte Zeit unschädlich gehalten werden müssen.

In den letzten Jahren sind die Kosten der Abfallbeseitigung durch zunehmende Kontrollen gestiegen. Im Vergleich zur ordentlichen Beseitigung von Abfällen ist ihr Transport - auch über große Entfernungen - viel weniger kostspielig, wenn die dortige Beseitigung billig ist. Es gibt zwar keine billige und zugleich ordentliche Abfallbeseitigung, aber verantwortungslose Praktiken, zum Beispiel die Ablagerung von gefährlichen Abfällen auf Hausmülldeponien, sind in der Tat nicht teuer. Eine Folge dieser Situation ist ein wachsender »Abfalltourismus«, wobei manche Erzeuger von gefährlichen Abfällen nur nach dem Preis und nicht nach der Angemessenheit der Verfahren urteilen. Oft werden solche Abfälle auch international verfrachtet. Zugleich entzieht dieser Abfalltourismus den besser geführten Anlagen die für ein erfolgreiches Wirtschaften erforderlichen Abfallströme. Eine Folge ist, daß der Transport gefährlicher Abfälle zunehmend erschwert und genehmigungspflichtig geworden ist.

Alles Wirtschaften erzeugt Abfälle; aber nicht jeder Betrieb erzeugt in gleichem Maße Abfälle wie der nächste der gleichen Art. Die verwendeten technischen Lösungen, aber auch in erheblichem Maße die Qualität der Betriebsführung können Art und Umfang der entstehenden Abfälle entscheidend beeinflussen. Ein gut geführter Betrieb erzeugt weniger Abfälle als ein schlecht geführter. Oft wird diese Komponente der Abfallproblematik vergessen und der stets steigende Abfallstrom als unvermeidliche Folge der wirtschaftlichen Entwicklung betrachtet, was durchaus nicht zutrifft. Es ist nicht möglich, abfallfreie Produktionsweisen zu entwickeln, aber abfallarme Lösungen oder Methoden, besonders giftige Abfälle zu vermeiden, gibt es durchaus.

## Chemikalienpolitik

Fast alle Formen der Umweltverschmutzung bestehen in der Praxis aus chemischen Stoffen. Ausnahmen sind Formen der Energie wie Wärme und Lärm. Eine der Ursachen für die zunehmende Bedrohung der Umwelt durch den Menschen besteht in den weiterhin wachsenden Eingriffe in die chemischen Strukturen der Natur. In der Tat kann man einen großen Teil des Umweltschutzes als eine Art der Chemikalienpolitik begreifen.

Die Anzahl der im Handel befindlichen Stoffe kann nur geschätzt werden. Es wird gewöhnlich von einer Zahl zwischen 80 000 und 100 000 ausgegangen. Nicht mitgerechnet werden dabei zahlreiche Stoffe, die lediglich als Zwischenprodukte auftreten, also nicht in den Handel gelangen, oder als Unreinheiten in gehandelten Stoffen erscheinen. Das bekannteste Beispiel eines derartigen Stoffes ist das Dioxin.

*Unter der Bezeichnung »Dioxin« werden im allgemeinen die Polychloridbezodioxine (PCDD) verstanden, eine Klasse chemischer Verbindungen, zu denen auch das »Seveso-Gift« TCDD (2,3,7,8-Tetrachlor-dibenzo-p-dioxin) gehört. In Seveso entwichen ca. 2 kg TCDD, das als das gefährlichste Gift unter den PCDDs gilt, bei einem Störfall. ... Die hohe Giftigkeit des TCDD läßt sich daran ablesen, daß für Ratten erst unter einer täglichen Dosis von 0,001 µg/kg Körpergewicht keine chronischen Effekte mehr beobachtet wurden, das sind 0,000000001 g/kg. Selbst sehr kleine Mengen sind für einige Tierarten sofort tödlich (Meerschweinchen, männlich: 0,6 µg/kg Körpergewicht). TCDD ist aber vor allem ein chronisch wirkendes Gift, dessen Wirkmechanismus heute erst in Anfängen bekannt ist. Die anderen PCDDs sind weniger giftig, wenn auch ebenfalls sehr gefährliche Verbindungen. Auch sie finden sich als Nebenbestandteile in einer An-*

*zahl von Produkten, mit denen der Verbraucher direkt in Berüh-*
*rung kommt, wie dem Holzschutzmittel Pentachlorphenol (PCP)*
*oder dem Herbizid 2,4-D.*[4]

Alle im Handel befindlichen Stoffe, aber auch die Zwischenprodukte und Verunreinigungen, können auf ihrem Weg von der Herstellung über die Verarbeitung, Transport, Verkauf, Verbrauch
und schließlich bei der Beseitigung als Abfall in die Umwelt gelangen.

Manche dieser Stoffe, etwa Dioxin, können in kleinen Mengen
bereits für Mensch und Umwelt Gefahren verursachen. Andere
wesentlich weniger gefährliche Stoffe, etwa Schwefeldioxid, werden in derart großen Mengen ausgestoßen, daß durch sie dennoch
Gefahren für Mensch und Umwelt entstehen. Auf diese Weise in
die Umwelt gelangende verunreinigende Stoffe sind im Prinzip
nichts anderes als arglos beseitigte Abfälle, gleichgültig ob sie in
die Luft, ins Wasser oder auf andere Weise abgeleitet werden.

Erst in den letzten Jahren wurde begonnen, in der systematischen Kontrolle von chemischen Stoffen eine Möglichkeit des vor-
sorgenden Umweltschutzes zu sehen. Dafür muß jedoch bekannt
sein, welche Stoffe hergestellt, gehandelt und verarbeitet werden,
und welche Eigenschaften diese Stoffe haben. Will man nicht
warten bis Schäden an Menschen oder in der Umwelt zu beobachten sind - welches historisch das Verfahren zur Feststellung
von Umweltverschmutzung war - muß rechtzeitig mit einem Programm von Prüfungen im Labor begonnen werden, um den Grad
der Gefährlichkeit feststellen zu können.

Derartige Prüfungen können sehr aufwendig sein, denn die Wirkung eines jeden Stoffes hängt entscheidend von der Dosis ab; das
heißt, es gilt nicht nur festzustellen, ob ein Stoff »gefährlich« ist
oder nicht, sondern auch unter welchen Bedingungen er als gefährlich anzusehen ist. Es gibt keinen Stoff, der nicht im Übermaß
für Menschen gefährlich werden könnte; ebenso gibt es keinen
Stoff, der nicht in gewissen Mengen noch zu vertragen ist; dennoch
gibt es Stoffe, bei denen die Toleranzgrenze so niedrig ist, daß sie
ganz zu verbieten sind, zum Beispiel Dioxin.

Bei der Kontrolle von chemischen Stoffen ist zwischen »neuen«
und »bestehenden« Stoffen zu unterscheiden. Neue Stoffe sind
solche, die erstmals hergestellt und auf den Markt gebracht wer-

---

4 Michelsen, a.a.O., S. 205

den. Für diese besteht seit einigen Jahren ein System, welches dafür sorgen soll, daß kein neuer Stoff ohne vorherige Prüfung und Bewertung mehr in den Handel gelangt. Die Bundesrepublik befindet sich hierbei in einem Verbundsystem mit den anderen Mitgliedsstaaten der Europäischen Gemeinschaft.

Wesentlich komplexer sind jedoch die Probleme der sogenannten existierenden Stoffe, beispielsweise von Blei oder Cadmium oder von einem Pestizid wie DDT, die bereits seit einiger Zeit hergestellt und verwendet werden. Während eventuelle Kontrollmaßnahmen bei neuen Stoffen die Interessen eines einzigen Herstellers vielleicht sehr stark berührt, erstrecken sich Kontrollmaßnahmen für existierende Stoffe oft auf mehr Hersteller, zahlreiche Verarbeiter und unzählige Verbraucher. Die Abwägung notwendiger Maßnahmen gegen die möglichen gesellschaftlichen Folgen sind in solchen Fällen viel schwieriger. Und oft führen wirtschaftliche Erwägungen, ja wirtschaftlicher Druck dazu, daß Stoffe nicht verboten werden. Ein Beispiel sind Fluorchlorkohlenwasserstoffe, die unter anderem als Treibgas in Spraydosen gefüllt werden. Während der Stoff in den USA wegen seiner schädlichen Wirkung auf die schützende Ozonhülle der Erde verboten wurde, will die EG lediglich eine Begrenzung anordnen.

Laborversuche sind das einzige bislang erprobte Verfahren, um die möglichen Folgen chemischer Stoffe abzuschätzen. Für manche Aspekte der Erprobung eines Stoffes gibt es inzwischen rein chemisch-physikalische Versuchsanordnungen, aber für andere sind Versuchstiere unerläßlich. Diese Tiere werden willentlich der Gefährdung durch den betreffenden Stoff ausgesetzt, wobei die Versuche gewöhnlich bis zum Tod der Tiere fortgesetzt werden. Auch hier gibt es schwierige Abwägungen zu treffen zwischen dem Schutz der Tiere und dem Schutz von Menschen.

Die Möglichkeiten eines medienübergreifenden Umweltschutzes sind nach wie vor begrenzt: während dieses der richtige Ansatz für die Zukunft ist, bleiben noch zahlreiche komplexe Fragen ungelöst; in der Zwischenzeit muß angesichts täglicher Gefahren weiterhin gehandelt werden; das erfolgt nach wie vor nach »medialen« Gesichtspunkten, das heißt im Hinblick auf die wichtigsten Umweltmedien, Wasser, Luft und Boden.

# 11. Internationale Institutionen des Umweltschutzes

Gewisse Ökosysteme sind begrenzt, andere - etwa die Luft - umspannen den ganzen Planeten Erde. Die Grenzen der Ökosysteme überschneiden sich und bilden ein komplexes Gesamtsystem. Darin gibt es keine »natürlichen« Grenzen und sofern es Grenzen gibt, fallen diese mit politischen und administrativen Trennungen überein. Ein Fluß ist ökologisch gesehen eine Verbindung und keine Trennung, aber traditionell verlaufen politische Grenzen durch die Mitte von Gewässern.

Die fehlende Übereinstimmung zwischen politischen und ökologischen Grenzen wirft für den Umweltschutz große Probleme auf. Jede Maßnahme erfordert eine weitgehende Koordination zwischen verschiedenen politischen Ebenen. Innerhalb eines Staates wie der Bundesrepublik ist dieses Problem noch einigermaßen lösbar, obwohl auch hier, wie die Fallbeispiele zeigten, lokale und regionale Besonderheiten zu berücksichtigen sind. Aber sobald es sich um nationale Grenzen handelt, wird ein Umweltproblem zu einer internationalen Frage. Dabei liegt es nicht in der Natur des einzelnen Problems, ob es international zu handhaben ist, sondern in den geographischen Umständen eines bestimmten Ereignisses: in grenznahen Gemeinden können auch lokale Fragen eine internationale Dimension haben; in großen Staaten wie den USA oder der Sowjetunion dauert es viel länger bis die internationale Dimension von so weiträumigen Problemen wie der Luftverunreinigung erkannt wird.

Zu diesen ökologischen Gegebenheiten gesellen sich gesellschaftlich bedingte: Umweltschutzmaßnahmen sind ein Kostenfaktor der Produktion, und für viele Produkte gibt es inzwischen technische Normen aus Gründen des Umweltschutzes. Zum Beispiel sind der Bleigehalt des Benzins oder die zulässigen Emissionen von Kraftfahrzeugen durch derartige Produktnormen geregelt. Handel und Wirtschaft sind jedoch heute international: nicht nur fertige Produkte werden international gehandelt, sondern ebenso die Pläne für Produkte und Teile von Produkten. Ein Auto entsteht zum Beispiel aus einer großen Anzahl von Teilen, an deren

Herstellung oft zehn oder sogar zwanzig Länder direkt oder indirekt teilhatten. Es ist deshalb für die Wirtschaft wichtig, daß Produktnormen international abgestimmt werden.

Aus diesen verschiedenen Gründen hat der Umweltschutz eine eindeutig internationale Komponente. Während dieses in der Theorie leicht zu verstehen ist, bestehen in der Praxis erhebliche Schwierigkeiten bei der Realisierung umweltpolitischer Maßnahmen auf internationaler Ebene. Es reicht nicht, daß international bestimmte Verhaltensregeln abgesprochen werden, sondern in der Umweltpolitik ist auch die anschließende internationale Kontrolle des Vollzugs erforderlich, die mit den Prinzipien der Souveränität in Konflikt geraten kann. In mancher Hinsicht besteht eine Parallele zwischen Umwelt- und Sicherheitspolitik, insoweit in beiden Bereichen nach dem Abschluß von Vereinbarungen eine anhaltende internationale Kontrolle der erzielten Ergebnisse erforderlich ist, die meistens von den Regierungen der verschiedenen Staaten nur zögernd zugestanden wird.

Beim nationalen Vollzug internationaler Maßnahmen spielen die politischen und administrativen Unterschiede der verschiedenen Länder eine erhebliche Rolle. Eine bestimmte Maßnahme, etwa das Erlassen neuer Normen, kann in einem Land wie der Bundesrepublik erfolgreich sein, schon im Nachbarland - etwa den Niederlanden - entweder unmöglich oder ergebnislos. In der Tat kennen die Niederlande fast keine rechtlich bindenden Umweltnormen wie die Bundesrepublik: dort umschreibt das Gesetz lediglich den Ermessensspielraum der Behörden, überläßt ihnen jedoch die Aufgabe der Normfindung im konkreten Einzelfall. In Belgien oder Frankreich, in Österreich und Dänemark - ganz zu schweigen von den sozialistischen Nachbarländern im Osten - sind die politischen und administrativen Traditionen wieder anders, und vergleichbare Probleme müssen auf anderem rechtlichen Weg gelöst werden. So wird die internationale Zusammenarbeit im Bereich des Umweltschutzes zu einem außerordentlich komplexen Netz der Beziehungen zwischen den betroffenen Staaten.

Der Umweltschutz betrifft fast sämtliche Bereiche der Politik in der einen oder der anderen Form. Auf nationaler Ebene bedeutet dieses, daß zahlreiche öffentliche Einrichtungen an der Ausarbeitung von Maßnahmen des Umweltschutzes beteiligt sind. Auch auf internationaler Ebene ist eine starke Vermehrung der beteiligten Institutionen zu verzeichnen. Man kann dabei zwischen zwei Arten von Institutionen unterscheiden: internationale Institutionen mit allgemeiner Aufgabenstellung, die sich in letzter Zeit verstärkt Fragen des Umweltschutzes zugewandt haben, und spezialisierte internationale Institutionen, die sich mit einem präzis umschriebenen Bereich wie dem Schutz des Rheins oder der Nordsee befassen. Allgemeine Institutionen haben den Vorteil, daß sie oft ein besseres Durchsetzungsvermögen haben; spezielle sind gewöhnlich besser auf die Dimension eines bestimmten Umweltproblems zugeschnitten, sind jedoch meistens schwach, wenn es um die Überprüfung des Vollzugs geht.

Für die Bundesrepublik Deutschland ist die Europäische Gemeinschaft (EG) generell die wichtigste internationale Institution, denn sie kann eigenes Recht setzen, und die Beziehungen zu den Staaten der EG sind inzwischen besonders eng. Das gilt insbesondere auch für Fragen des Umweltschutzes.

*Die EG ist der wichtigste umweltpolitische Handlungspartner der Bundesregierung im internationalen Bereich. Denn einmal ist die wirtschaftliche Entwicklung der hochindustrialisierten EG-Staaten mit vielfältigen grenzüberschreitenden Umweltbelastungen verbunden, die sich allein durch nationale Maßnahmen nicht wirksam bekämpfen lassen; zum anderen ist zur Schaffung und Erhaltung des freien Handelsaustausches und zur Vermeidung von Wettbewerbsverzerrungen ein abgestimmtes Handeln der EG-Partner erforderlich; schließlich besitzt die EG mit ihrer supranationalen Rechtssetzungsbefugnis ein wirksameres Umweltschutzinstrumentarium als andere internationale Organisationen oder als zwischenstaatliche bi- und multilaterale Zusammenschlüsse, die jeweils auf unverbindliche Empfehlungen oder völkerrechtliche Vereinbarungen beschränkt und damit in stärkerem Maße vom guten Willen der Handelspartner abhängig sind.*[1]

Die EG hat inzwischen auf allen Gebieten des Umweltschutzes rechtlich verbindliche Richtlinien erlassen, die allmählich auch in der Praxis der verschiedenen Mitgliedsstaaten vollzogen werden. Mehr als sechzig Richtlinien (das meistens in Umweltfragen verwendete Rechtsinstrument) regeln zum Beispiel Wasserqualität, Abfallbeseitigung, Kontrolle von Chemikalien und Naturschutz.

Neben der Europäischen Gemeinschaft ist noch die Organisation für wirtschaftliche Entwicklung und Zusammenarbeit

---

1 Hartkopf, Bohne, a.a.O., S. 165

(OECD) zu erwähnen, in der alle großen marktwirtschaftlich organisierten Staaten Mitglieder sind. Eine derartige Organisation kann auch über die Grenzen Europas hinweg auf bestimmten Gebieten die Mitgliedsstaaten, also auch Kanada und die Vereinigten Staaten von Amerika, zu abgestimmtem Handeln bringen. Dieses ist vor allen Dingen auf dem Gebiet der Chemikalienpolitik geschehen.

In globalem Maßstab arbeiten vor allen Dingen die Vereinten Nationen, die zahlreiche in unterschiedlichem Umfang selbständige Unterorganisationen umfaßt. Die Mehrzahl dieser Unterorganisationen befaßt sich auch mit Fragen des Umweltschutzes, etwa Weltgesundheitsorganisation (WHO), die Welternährungsorganisation (FAO) oder die verschiedenen mit wirtschaftlichen und Handelsfragen befaßten Organisationen wie GATT oder UNCTAD. Auch die Wirtschaftskommission für Europa (ECE), eine regionale Gruppierung, die praktisch alle Hauptbeteiligten des Zweiten Weltkrieges, also auch die Staaten Osteuropas sowie Kanada und die USA umfaßt, hat in den letzten Jahren eine spezielle Aufgabe auf dem Gebiet der weiträumigen Luftverunreinigung in Europa übernommen. Unter diesen zahlreichen, für den Außenstehenden oft verwirrenden Organisationen bildet das Umweltprogramm der Vereinten Nationen (UNEP) einen Schwerpunkt aus der Sicht des Umweltschutzes. 1972 gegründet, hat das UNEP seinen Sitz in Nairobi. Neben seinen koordinierenden Aufgaben zwischen den verschiedenen UN-Organisationen hat es eine Reihe von Informationsnetzen aufgebaut und zur Ausarbeitung von regionalen Meeresschutzkonventionen entscheidend beigetragen.

Einen besonderen Stellenwert nehmen im internationalen Bereich die Fragen der Entwicklungspolitik im Verhältnis zum Umweltschutz ein. Da Umweltprobleme in den entwickelten Ländern letztlich eine Folge falscher Industrialisierung sind, muß darauf geachtet werden, daß im Rahmen der Entwicklungspolitik die Fehler der industrialisierten Länder nicht wiederholt werden. Dieses stößt jedoch auf vielfältige Schwierigkeitenn, einerseits wegen der beteiligten wirtschaftlichen Interessen in der entwickelten Welt, andererseits wegen der betroffenen Länder der Dritten Welt, die noch häufig die erforderlichen Umweltschutzmaßnahmen als überflüssig betrachten. Im Laufe der letzten Jahre haben jedoch die Umweltprobleme der Dritten Welt rasch zugenommen und damit auch die Bereitschaft, Maßnahmen zu ergreifen. Inzwischen sind Absprachen auf der Ebene der internationalen Entwicklungshilfeorganisationen und der Weltbank getroffen worden, die mit Entwicklungsprojekten verbundene Umweltschäden verhindern sollen. Noch 1972 bildeten hingegen die (damals noch sehr begrenzten) Umweltschutzmaßnahmen der entwickelten Welt eines der zentralen Schwierigkeiten der ersten großen UN Konferenz über Mensch und Umwelt in Stockholm.

Die erforderliche internationale Struktur für den Umweltschutz ist im Entstehen. Bislang läßt sich noch nicht genau sagen, welche Form sie haben wird. Zweifellos bildet jedoch der Umweltschutz eine neue Art von Herausforderung für das internationale System und kann dadurch wesentlich zur Entwicklung neuer Formen der internationalen Zusammenarbeit, die auch für andere drängende Fragen benötigt werden, beitragen.

# 12. Alternativen?

Der technische Umweltschutz ist eine Antwort auf die Herausforderungen der technisierten Industriegesellschaft. Er kann die Probleme mindern. Zugleich aber wird die Geschichte der industriellen Revolution von einer immer wiederkehrenden Diskussion um Alternativen begleitet. Diese Diskussion hat in den letzten Jahren wieder an Intensität und Dringlichkeit zugenommen. In allen westlichen Ländern ist eine eigene Kultur der Alternativen entstanden, die jedoch in jedem Land wieder eigene Formen, den jeweiligen Traditionen entsprechend, angenommen hat.

Diese Entwicklungen sind in der Bundesrepublik nicht minder intensiv als anderswo. Sie haben eine breitere theoretische Basis und stärkere politische Ausprägung als in andern Ländern.

Die Frage der Alternativen kann hier nicht vollständig behandelt werden. Es ist jedoch unbedingt erforderlich, bei aller Diskussion von Umweltschutz auch die grundlegenden Fragen nicht in Vergessenheit geraten zu lassen, nämlich ob Umweltschutz nur ein Anpassen der technologischen Gesellschaft erfordert oder die Entwicklung von weitreichenden Alternativen, mit moralischen Begriffen ausgedrückt: nur Wandel oder Umkehr?

Die Frage der alternativen Lebensformen ist nicht an den Umweltschutz alleine gebunden - auch weltanschauliche Ansätze können zu ähnlichen Ergebnissen führen wie die rein ökologische Analyse, und in den letzten Jahren ist speziell in der Bundesrepublik Deutschland die enge Verknüpfung von ökologischem Ansatz und traditionell sozialistischer Gesellschaftskritik festzustellen. Auch diese Verbindung ist nicht unbedingt neu, hat jedoch wesentlich an Intensität gewonnen und zuletzt auch parteipolitischen Ausdruck durch die Grünen, eine Partei, die seit ihrer Gründung als Bundespartei 1980 bedeutende Wahlerfolge verzeichnen konnte. (Siehe S. 125)

Der schonende Umgang mit der Natur drückt sich nicht alleine in einer gewandelten Haltung den Umweltressourcen Wasser und Luft oder der Tier- und Pflanzenwelt gegenüber aus, sondern erstreckt sich notgedrungen in alle Lebensbereiche: andere Formen der Gemeinschaftsbildung - in städtischer wie ländlicher Umge-

Wahlergebnisse der Grünen / Alternativen seit 1980 nach Bundesländern

| | Datum | % | Datum | % | Datum | % | Datum | % |
|---|---|---|---|---|---|---|---|---|
| *Bundestagswahlen* | | | | | | | | |
| | 05.10.80 | 1,9 | 06.03.83 | 5,6 | 25.01.87 | | | |
| *Europawahl* | | | | | | | | |
| | 17.06.84 | 8,2 | | | | | | |
| *Landtagswahlen* | | | | | | | | |
| Baden-Württemberg | 16.03.80 | 5,3 | 25.04.84 | 8,0 | | | | |
| Bayern | 10.10.82 | 4,6 | 12.10.86 | 7,5 | | | | |
| Al Berlin | 10.05.81 | 7,2 | 10.03.85 | 10,6 | | | | |
| GAL Bremen | 25.09.83 | 5,4 | 13.09.87 | 10,3 | | | | |
| GAL Hamburg | 06.06.82 | 7,7 | 19.12.82 | 6,8 | 09.11.86 | 10,4 | 17.05.87 | 7,0 |
| Hessen | 26.09.82 | 8,0 | 25.09.83 | 5,9 | 05.04.87 | 9,4 | | |
| Niedersachsen | 21.03.82 | 6,5 | 15.06.86 | 7,1 | | | | |
| Nordrhein-Westf. | 11.05.80 | 3,0 | 12.05.85 | 4,6 | | | | |
| Rheinland-Pfalz | 06.03.83 | 3,6 | 17.05.87 | 5,9 | | | | |
| Saarland | 27.04.80 | 2,9 | 10.03.85 | 2,5 | | | | |
| Schleswig-Holstein | 13.03.83 | 3,6 | 13.09.87 | 4,0 | | | | |

bung, zuhause, am Arbeitsplatz und in der Politik - andere Formen des Wirtschaftens - der Produktion, der Verteilung, der Finanzierung - andere Formen der Beziehungen zwischen Personen.

Dieser hohe Anspruch ist nicht kurzfristig einlösbar: die Entwicklung alternativer Lebensformen beinhaltet fast unvermeidlich Irrwege und Fehler, die erst nach einer gewissen Zeit und im Licht von Erfahrungen als solche erkennbar sind. Dieser Prozeß ist in der Bundesrepublik wie in anderen Ländern im Gange.

*In den letzten Jahren hat die Massenpresse gelegentlich Berichte über Menschen veröffentlicht, die wieder zu einer einfachen Lebensweise zurückgekehrt sind - Menschen, die aufs Land gezogen sind, die ihr eigenes Brot backen oder ihre Häuser mit gespeicherter Sonnenenergie beheizen usw. Hinter diesen populären Erscheinungsformen einfachen Lebens verbirgt sich unseres Erachtens der Keim einer alternativen sozialen Bewegung, deren weitere Entwicklung die USA und andere Industrienationen, in ihren Grundlagen erschüttern könnte. Die Charakterisierung die-*

*ser Bewegung als Tendenz zur ‚selbstgewählten Einfachheit als Lebensprinzip' haben wir einem 1936 erschienenen Aufsatz von Richard Gregg entnommen, in dem er eine alternative Lebensweise auf der Grundlage eines neuen Gleichgewichts zwischen innerem und äußerem Wachstum beschreibt.*

*Unserer Überzeugung nach wird sich diese ‚Einfachheit als Lebensprinzip' im nächsten Jahrzehnt und darüber hinaus zu einer immer mächtigeren ökonomischen, sozialen und politischen Kraft entwickeln, sobald eine große Anzahl von Menschen verschiedenster Herkuft sie als einen realisierbaren und nützlichen Vorschlag zur Lösung unserer brennendsten Probleme begreifen.*

*Die Entwicklung einer einfachen Lebensweise könnte die traditionellen amerikanischen Wertvorstellungen von Grund auf verändern. Darüber hinaus könnte sie in diesem Zusammenhang auch zum Vorreiter einer Vielzahl von Veränderungen in den Bereichen von Konsumptionsmustern, institutionalisierten Maßnahmen, sozialen Bewegungen, nationaler Politik usw. werden.*

*Obgleich es zahlreiche Vorläufer und unterstützende Strömungen dieser sozialen Bewegung gibt (Umweltschutzinitiativen, Konsumerismus, Bewußtseinsbewegungen usw.) läßt sich die Bedeutung dieser Lebensform heute nur schwer abschätzen.*[1]

**Gegenüberstellung von Positionen der industriellen Weltanschauung und Positionen der einfachen Lebensweise**

| Schwerpunkte der industriellen Weltanschauung | Schwerpunkte der einfachen Lebensweise |
| --- | --- |
| *Wertvorstellungen* | |
| Materielles Wachstum | Materielle Genügsamkeit, verbunden mit psychischer und geistiger Entwicklung |
| Der Mensch steht über der Natur | Der Mensch ist Bestandteil der Natur |
| In Konkurrenz stehende Selbstinteressen | Aufgeklärtes Selbstinteresse |
| Ausgeprägter Individualismus | Kooperativer Individualismus |
| Rationalismus | Rationalismus und Intuition |

---

1   Duane S. Elgin, »Einfachheit als Lebensprinzip«, in: Rudolf Brun, Hrsg., Die tägliche Revolution, Frankfurt a. M. 1978, S. 7

### Soziale Charaktereigenschaften

| | |
|---|---|
| Große, unübersichtliche Lebens- und Arbeitsbereiche | Kleinere, durchschaubarere Lebens- und Arbeitsbereiche |
| Wachstum materieller Komplexität | Reduzierung materieller Komplexität |
| »Weltraum«-Technologie | Angepaßte Technologie |
| Konsum als Grundlage der Identität | Die Entwicklung innerer Fähigkeiten und zwischenmenschlicher Beziehungen als Grundlage der Identität |
| Zentrale Regulierung und Kontrolle auf nationaler/staatlicher Ebene | Größere lokale Selbstbestimmung, verbunden mit der Herausbildung globaler Institutionen |
| Spezialisierte Arbeitsfunktionen durch die Arbeitsteilung | Integrierte Arbeitsbereiche (z.B. Teamarbeit, Vielseitigkeit des Arbeitsplatzes etc.) |
| Orientierung am äußeren Wachstum | Gleichgewicht zwischen äußerem und innerem Wachstum |
| Massenhaft produzierte, schnell verbrauchte, standardisierte Produkte | Handwerklich hergestellte, dauerhafte, individuell angepaßte Produkte |
| »Lifeboat«-Theorie (Rettungsboot-Theorie) in bezug auf die Gestaltung der Beziehungen mit anderen Ländern | Raumschiff-Ethik |
| Kulturelle Vereinheitlichung, teilweise Akzeptierung von Vielfältigkeit | Kulturelle Heterogenität, Bemühen um Vielfältigkeit |
| Großer Streß und Sachzwänge, »Hundeleben« | Entspannte Existenz (relaxed existence) |

*Quelle: Elgin, a.a.O., S. 39*

Zwischen den Vorstellungen von alternativen Lebensformen und den Wertvorstellungen der modernen Industriegesellschaft bestehen unverkennbare Konflikte, welche die Entwicklung des Umweltschutzes in den letzten Jahren begleitet haben. Letztere ließen sich weitgehend im vorgegebenen Rahmen der sozialen und wirtschaftlichen Ordnung demokratischer Industrienationen regeln: es handelte sich letztlich nur um einen Streit über die angemessene Verteilung von Gütern, deren Wert an sich jedoch nicht angezweifelt wurde. Ganz anders setzt die alternative Bewegung an: die Industriegesellschaft soll von den Wurzeln her verändert und umgedreht werden.

Solange die Industriegesellschaft sich fähig erweist, Bedürfnisse eines großen Teils ihrer Bürger zu befriedigen - wobei die Bedürfnisse vielfach erst geweckt werden - bleibt es unwahrscheinlich, daß eine deutliche Mehrheit dieser Bürger sich von dieser Wirtschaftsform abwendet. Keine Wirtschaftsform ist jedoch dauerhaft krisensicher; viele Befürworter alternativer Lebensformen gehen von der unvermeidlichen Krise der Industriegesellschaften aus, und stellen die Frage nach ihrer Überwindung. Solche Fragen sind noch niemals in Zeiten des Wohlstands und der relativen sozialen Sicherheit beliebt gewesen, haben sich oft jedoch als Keimzelle des später erforderlichen Wiederaufbaus erwiesen, selbst wenn dieser in der Praxis ganz anders ausgesehen hat wie von den früheren Kritikern angenommen.

*Der Glaube, daß Wachstum und technischer Fortschritt humanere Lebensbedingungen und mehr Freiheit erzeugen, wird nur noch von einer Minderheit geteilt. Wir sind durch die technologische Entwicklung immer abhängiger von zentralen Dienstleistungen und Entscheidungen geworden. Die Institutionen und Bürokratien, von denen wir abhängen, zeichnen sich durch geringer werdende Flexibilität aus. Fortschreitende Zentralisierung und der Trend zur Großtechnologie machen uns unfreier, die Sicherheit nimmt ab. Eine Kritik der fortgeschrittenen Industriegesellschaft, ökologische Erwägungen und nicht zuletzt die Sorge um den weiteren Weg der Entwicklungsländer haben zur Entwicklung von Ideen geführt, die sich nicht allein auf technologische Veränderungen beziehen: Technologie und Gesellschaft werden als so unmittelbar voneinander abhängig gesehen, wie es sich uns heute darstellt.*

*Im Gegensatz zu den meisten Verfechtern harter Technologien legen die Vertreter alternativer Technologien denn auch ihre gesellschaftlichen Ziele offen:*
*\* Sie vertreten eine Theorie von Technologie und Gesellschaft, in der die Menschen die Technologie kontrollieren und nicht umgekehrt,*
*\* sie erkennen die physikalischen und biologischen Randbedingungen menschlicher Aktivitäten an,*
*\* die sozialen Strukturen konzentrieren sich auf relative Autonomie von Gruppen und kleinen Gemeinschaften und Kontrolle von unten nach oben,*
*\* Leben und technologische Hilfsmittel sollen einfach und sparsam sein,*
*\* Eigenproduktion möglichst vieler Güter durch die Verbraucher,*
*\* eine erforschende und kreative statt dogmatische Anwendung von Theorien,*

*\* Bereitschaft, auch von ungewöhnlichen Quellen zu lernen, wie z.b. von ‚primitiven' Kulturen, anarchistisch utopischen Theorien usw.*

*Einige dieser Aussagen mögen zunächst unverständlich oder unnötig klingen - sie sind es vielleicht weniger, geht man von einer Kritik der Industriegesellschaft auf die Suche nach Lebensbedingungen, die mehr Befriedigung verschaffen als Konsum und Besitz von Industriegütern.*

*Tatsächlich haben sich seit dem offenen Zutagetreten der Umwelt- und Energiekrise (z.T. auch schon vorher) eine große Anzahl von Menschen mit alternativen Technologien beschäftigt, mit Möglichkeiten, die Ausbeutung nicht erneuerbarer Grundstoffe bei der Nahrungsmittelproduktion, dem Bauen und der Gewinnung mechanischer und thermischer Energie zu minimieren, und gleichzeitig Umweltbedingungen für ein nicht mehr wachstumsorientiertes Dasein zu schaffen. Dabei differieren die Vorstellungen über den Charakter alternativer Technologien. Die wichtigsten verwendeten Begriffe sind:*

*\* Sanfte Technologien (soft technology, low impact technology)*
*\* Radikale Technologie (radical technology)*
*\* Mittlere Technologie (intermediate technology)*
*\* Angepaßte Technologie (appropriate technology)*
*\* Reife Technologie*

*Hinter diesen Begriffen stehen Vorstellungen über technologische Entwicklungen, die sich voneinander nur wenig unterscheiden, denen jedoch unterschiedliche Konzepte über notwendig erachtete gesellschaftliche Voraussetzungen zugrunde liegen. Übereinstimmend herrscht jedoch die Ansicht, daß die Dezentralisierung von Menschen und Macht unabdingbare Voraussetzung ist. Die Menschen sollen nach diesen Konzepten mehr Kontakt mit der Natur suchen, dem wachsenden Wunsch nach nichtentfremdeter Arbeit (besonders im handwerklichen und landwirtschaftlichen Bereich) nachgehen und damit Befreiung von ökonomischen, politischen und sozialen Zwängen der Gegenwart suchen.[2]*

---

2 Arbeitsgruppe »Angepaßte Technologie« 1978, S. 155

# Bibliographie

Johannes AGNOLI u.a., Was sollen die Grünen im Parlament? Frankfurt a.M. 1983

Otto AHLHAUS, Gerhard BOLDT, Klaus KLEIN, Taschenlexikon Umweltschutz. Düsseldorf 1982[6]

Carl AMERY, Natur als Politik. Die ökologische Chance des Menschen. Reinbek 1976

Bernhard BARTMANN u.a., Atomare Wiederaufarbeitung. Vom Dilemma der atomaren Großtechnologie. Köln 1983

Werner, BÄTZING, Die Alpen. Naturbearbeitung und Umweltzerstörung. Frankfurt a.M. 1984

Richard N. BARRETT (Hrsg.), International Dimensions of the Environmental Crisis. Boulder 1982

Fritz BAUM, Praxis des Umweltschutzes. München 1979

Wolfgang BAUMGART, Der Wald in der deutschen Dichtung (Stoff- und Motivgeschichte der deutschen Literatur 15). Berlin 1936

Arnim BECHMANN, Gerd MICHELSEN (Hrsg.), Global Future – Es ist Zeit zu handeln. Die Fortschreibung des Berichts an den Präsidenten. Freiburg 1981

Ulrich BECK, Risikogesellschaft. Auf dem Weg in eine andere Moderne. Frankfurt a.M. 1986

Maria BLOHMKE u.a. (Hrsg.), Medizinische Ökologie, Heidelberg 1979

Martin BÖHME, »Versalzung von Gewässern«, in: Bossel u.a. 1982, S. 170-185

Jochen BÖLSCHE (Hrsg.), Natur ohne Schutz. Neue Öko-Strategien gegen die Umweltzerstörung. Reinbek 1982

Dieter BORGERS u.a., Umweltmedizin. Berlin 1985

Friedrich L. BOSCHKE, Die Umwelt ist kein Paradies. Illusion und Realität. Stuttgart 1986

Hartmut BOSSEL, Bürgerinitiativen entwerfen die Zukunft. Neue Leitbilder, neue Werte, 30 Szenarien. Frankfurt a.M. 1978

Hartmut BOSSEL u.a. (Hrsg.), Wasser: Wie ein Element verschmutzt und verschwendet wird. Umfassende Darstellung der Fakten, Trends und Gefahren. (Magazin Brennpunkte 24, fischer alternativ 4056). Frankfurt/Main 1982

Evamaria BREHM und Wolfang KERLER, Deponie Erde. Das große Buch vom Müll. Baden-Baden 1985

Rudolf BRUN (Hrsg.), Der grüne Protest. Herausforderung durch die Umweltparteien. Frankfurt a.M. 1978

R. BRUNNENGRÄBER, Deutschland – Deine Landschaften. Ein Geographiebuch zum Thema Umweltzerstörung. München 1985

Ralf-Dieter BRUNOWSKI, Lutz WICKE, Der Öko-Plan. Durch Umweltschutz zum neuen Wirtschaftswunder. München 1984

Konrad BUCHWALD u.a., Bedrohte Nordsee. Gefahren und Chancen für Meer und Küste. Ohne Ort (Die Werkstatt 1985)

BUNDESMINISTER DES INNERN (BMI) (Hrsg.), Was Sie schon immer über Auto und Umwelt wissen wollten. Stuttgart 1980[2]

BUNDESMINISTER DES INNERN (BMI) (Hrsg.), Was Sie schon immer über Umweltschutz wissen wollten. Stuttgart 1981[2]

BUNDESMINISTER DES INNERN (BMI) (Hrsg.), Was Sie schon immer über Abfall und Umwelt wissen wollten. Stuttgart 1981

BUNDESMINISTER DES INNERN (BMI) (Hrsg.), Abschlußbericht der Projektgruppe »Aktionsprogramm Ökologie«. Argumente und Forderungen für eine ökologisch ausgerichtete Umweltvorsorgepolitik. Bonn 1983

BUNDESMINISTERIUM DES INNERN (Hrsg.), Umweltpolitik. Bilanz und Perspektiven. Stuttgart 1985

Harald H. BUNGARTEN, Umweltpolitik in Westeuropa. EG, internationale Organisationen und nationale Umweltpolitiken. Bonn 1978

Jörg CALIESS, Reinhold F. LOB, Praxis der Umwelt- und Friedenserziehung, Band 1, Grundlagen, und Band 2, Umwelterziehung. Düsseldorf 1987

Jacques COUSTEAU (Hrsg.), Cousteau-Umweltlesebuch, 7 Bde. Stuttgart 1983 – 1986

Der Fischer Öko-Almanach. Daten, Fakten, Trends der Umweltdiskussion. Frankfurt a.M. 1980, 1982, 1984

DEUTSCHER EVANGELISCHER KIRCHENTAG (Hrsg.), Die Erde bewahren. Versöhnung von Arbeit und Leben. Stuttgart 1985

Die Kontrolle von Umweltchemikalien. Nationale und internationale Fragen. Berlin 1982

Hoimar von DITFURTH, So laßt uns denn ein Apfelbäumchen pflanzen. Hamburg 1985

Bernhard DOST, Die Erben des Übels. Kranke Umwelt, kranke Kinder. München 1985

Franz Joseph DREYHAUPT u.a., Handbuch für Immissionsschutzbeauftragte. Köln 1978

Emanuel ECKARDT, Sebastian KNAUER, Kein schöner Land. Ein deutscher Umweltatlas. München 1982

Günter FELLENBERG, Umweltforschung. Einführung in die Probleme der Umweltverschmutzung. Berlin 1977

Iring FETSCHER, Überlebensbedingungen der Menschheit. Zur Dialektik des Fortschritts. München 1980

Hans-Joachim FIETKAU, Hans KESSEL (Hrsg.), Umweltlernen. Veränderungsmöglichkeiten des Umweltbewußtseins. Königstein/Ts. 1981

Bruno S. FREY, Umweltökonomie. Göttingen 1985

Josef FÜLLENBACH, Umweltschutz zwischen Ost und West. Umweltschutz in Osteuropa und gesamteuropäische Zusammenarbeit. Bonn 1977

Global 2000. Der Bericht an den Präsidenten, deutsch. Frankfurt a.M. 39. 1981

Monika GRIEFAHN (Hrsg.), Greenpeace. Der Kampf für ein ökologisches Bewußtsein. Reinbek 1983

Rainer GRIESSHAMMER, Monika ZIMMERMANN (Hrsg.), Boden-Los. Raubbau und Vergiftung unserer Böden. Freiburg 1985

Jürgen GRUMBACH (Hrsg.), Reaktoren und Raketen. Atomare Gefahren und Bürgerprotest. Köln 1980

Horst GÜNTHEROTH, Nordsee. Portrait eines bedrohten Meeres. Hamburg 1986

Bernd GUGGENBERGER, Bürgerinitiativen in der Parteiendemokratie. Von der Ökologiebewegung zur Umweltpartei. Stuttgart 1980

Sam GUSMAN u.a., Die Kontrolle von Umweltchemikalien. Nationale und internationale Fragen. (Beiträge zur Umweltgestaltung A77) Berlin 1982

Günter HARTKOPF, Eberhard BOHNE, Umweltpolitik, mehrere Bände, Band 1, Grundlagen, Analysen und Perspektiven. Opladen 1983

Jörg HEIMBRECHT, Jochen MOLCK, Rheinalarm. Die genehmigte Vergiftung. Köln 1987

Michael HEINRICH, Andreas SCHMIDT, Der Atomatlas. München 1986

Werner HENNINGS, Tilman RHODE-JÜCHTERN, Geopolitik 2000. Der politisch-geographische Alltag unserer Erde. Stuttgart 1985

Jost HERMAND, »Ganze Tage unter Bäumen. Ökologisches Bewußtsein in den Utopien des ausgehenden 19. Jahrhunderts«, in: Jost HERMAND, Der Schein des schönen Lebens. Studien zur Jahrhundertwende. Frankfurt/Main 1972, S. 21-44

Jost HERMAND, Orte. Irgendwo. Formen utopischen Denkens. Frankfurt/Main 1981

Jost HERMAND, »Gehätschelt und gefressen: Das Tier in den Händen der Menschen«, in: Reinhold GRIMM, Jost HERMAND (Hrsg.): Natur und Natürlichkeit. Stationen des Grünen in der deutschen Literatur. Frankfurt/Main 1981, S. 55-76

Karl H. HILLMANN, Umweltkrise und Wertwandel. Die Umwertung der Werte als Strategie des Überlebens. Zürich 1981

O. HUTZINGER (Hrsg.), The Handbook of Environmental Chemistry, Part A – C, Berlin 3.1986

INSTITUT FÜR UMWELTSCHUTZ DER UNIVERSITÄT DORTMUND (Hrsg.), Umweltschutz der achtziger Jahre. Berlin 1981

Martin JÄNICKE, Staatsversagen. Die Ohnmacht der Politik in der Industriegesellschaft. München 1986

Martin JÄNICKE (Hrsg.), Umweltpolitik. Beiträge zur Politologie des Umweltschutzes. Opladen 1978

Martin JÄNICKE, Udo SIMONIS, Gerd WEIGMANN, Wissen für die Umwelt. Berlin 1985

Peter KAFKA, Jürgen KÖNIG, Wolfgang LIMMER, Tschernobyl – die Informationslüge. München 1986

Otto KIMMINICH, Heinrich von LERSNER, Peter Ch. STORM (Hrsg.), Handwörterbuch des Umweltrechts, 2 Bde. Berlin 1986 (Band 1)

Herbert KITSCHELT, Kernenergiepolitik. Arena eines gesellschaftlichen Konflikts. Frankfurt a.M. 1980

Thomas KLUGE (Hrsg.), Grüne Politik. Frankfurt a.M. 1984

Egmont R. KOCH, Die Lage der Nation. Umweltatlas der Bundesrepublik Deutschland. Hamburg 1985

Egmont R. KOCH, Fritz VAHRENHOLT, Seveso ist überall. Die tödlichen Risiken der Chemie. Köln 1979

Egmont R. KOCH, Fritz VAHRENHOLT, Im Ernstfall hilflos. Katastrophenschutz bei Atomunfällen. Köln 2.1986

Leo KOFLER, Zur Kritik der »Alternativen«. Hamburg 1983

Friedhelm KORTE, Ökologische Chemie. Stuttgart 1980

Lenelis KRUSE u.a., Ökopsychologie. Ein Handbuch in Schlüsselbegriffen. Ohne Ort (Psychologische Verlags-Union) 1986

Martin LEONHARD, Umweltverbände. Zur Organisation von Umweltschutzinteressen in der Bundesrepublik Deutschland. Opladen 1986

Reimar LESCHBER, H. RÜHLE (Hrsg.), Aktuelle Fragen der Umwelthygiene. Stuttgart 1981

Marija G. van LIESHOUT, Internationale Umweltprogramme. A. Guide to the Subject Matter. Berlin 1977

Materialenband zum Bericht der Enquete-Kommission »Zukünftige Kernenergie-Politik«, Bundestagsdrucksache 8/4341. Bonn 1980

Peter Cornelius MAYER-TASCH, Ökologie und Grundgesetz. Irrwege, Auswege (fischer alternativ). Frankfurt/Main 1980

Dennis MEADOWS u.a., Die Grenzen des Wachstums. I. Bericht des Club of Rome zur Lage der Menschheit. Stuttgart o.J.

Georg MEISTER, Christian SCHÜTZE, Georg SPERBER, Die Lage des Waldes. Ein Atlas der Bundesrepublik. Hamburg 1984

Klaus MEYER-ABICH, Bertram SCHEFOLD, Die Grenzen der Atomwirtschaft. München 1987

Werner MEYER-LARSEN, Das Ende der Ölzeit. München 1980

Klaus MÜSCHEN, Erika ROMBERG, Strom ohne Atom. Frankfurt 1986

OCDE, OECD (Hrsg.), OECD environmental data – donnée OCDE sur l'environnement, Compendium 1985. Paris 1985

Michael OPIELKA (Hrsg.), Die ökosoziale Frage. Entwürfe zum Sozialstaat. Frankfurt a.M. 1986

Herbert PFEIFER, Umwelt und Ethik. Karlsruhe 1980

J.F. PILAT, Ecological Politics. The rise of the green movement. London 1980

Volker PRITTWITZ, Umweltaußenpolitik. Grenzüberschreitende Luftverschmutzung in Europa. Frankfurt a.M. 1984

RAT VON SACHVERSTÄNDIGEN FÜR UMWELTFRAGEN (Hrsg.), Energie und Umwelt. Sondergutachten März 1981. Stuttgart 1981

Eckhard REICHE, Umweltpolitik im 9. Deutschen Bundestag und Bundesrat (1980 bis 1983). Bonn 1983

Heinz RIESENHUBER, In einer verletzlichen Welt gemeinsam überleben. Forum Technischer Wandel, Dokumentation: Bericht der Bundesregierung zu »Global 2000«. Bonn 1982

Sabine ROSENBLADT, Der Osten ist grün? Öko-Reportagen aus der DDR, Sowjetunion, Tschechoslowakei, Polen, Ungarn. Hamburg 1986

Dieter RUCHT, Von Wyl nach Gorleben. München 1980

Jürgen von SALZWEDEL (Hrsg.), Grundzüge des Umweltrechts. Berlin 1982

Wolf e. SCHIEGL, Michael SCHORLING, TA Luft. Vorschriften und Erläuterungen zum Immissionsschutz. Landsberg/Lech 1986

Ernst SCHMACK, Chancen der Umwelterziehung. Düsseldorf 1982

Werner SCHNEIDER, Arbeit und Umwelt. Gewerkschaftliche Umweltpolitik. Hamburg 1986

Engelbert SCHRAMM (Hrsg.), Ökologie-Lesebuch. Ausgewählte Texte zur Entwicklung ökologischen Denkens. Von Beginn der Neuzeit bis zum »Club of Rome« (1971) (fischer alternativ 4064). Frankfurt/Main 1984

Dieter SEIFRIED, Gute Argumente – Energie. München 1987

STERN-REPORT, Rettet den Boden. Wie die neue Umweltkatastrophe noch zu verhindern ist. Hamburg 1985

Wolfgang STERNSTEIN, Überall ist Wyhl. Bürgerinitiativen gegen Atomanlagen. Frankfurt a.M. 1978

Hugh STRETTON, Capitalism, Socialism and the Environment. Cambridge 1977

Holger STROHM, Friedlich in die Katastrophe. Frankfurt a.M. 13.1986

Hans D. STÜRMER, Chemikalien in der Umwelt. Freiburg 1984

Pierre TSCHUMI, Umweltbiologie. Frankfurt a.M. 1981

Otto E. TUTZAUER, Ingrid M. TUTZAUER, Fachwörterbuch zum Umweltschutz, Bd. 1–3, Englisch, Deutsch Französisch. Köln 1979

UMWELTBUNDESAMT (Hrsg.), Gewässerversauerung in der Bundesrepublik Deutschland. Berlin 1984

VERBAND DER CHEMISCHEN INDUSTRIE (VCI) (Hrsg.), Umwelt und Chemie von A-Z. Freiburg/Brsg. 1982

Carl Friedrich von WEIZSÄCKER, Atomenergie und Atomzeitalter. Frankfurt a.M. 1957

Klaus G. WEY, Umweltpolitik in Deutschland. Kurze Geschichte des Umweltschutzes in Deutschland seit 1900. Opladen 1982

F.G. WINTER, Der Wachstums-Komplex. Glücklich leben heißt gestalten. Freiburg/Brsg. 1980

Eugen WINTER, »Wasserbedarf«, in: BOSSEL u.a. 1982, S. 57-76

Wirtschaft und Umwelt. Die Verflechtung von Ökonomie und Ökologie, Expertenbericht über besondere Umwelt- und Ressourcenprobleme für die Organisation für wirtschaftliche Zusammenarbeit und Entwicklung (OECD). Berlin 1983

Friedrich ZIMMERMANN, Umweltpolitik in Wort und Tat. Stuttgart 1986

## Zeitschriften

Advances in Ecological Research. London & New York

Advances in Environmental Sciences. New York, London, Sydney

Archives of Environmental Contamination and Toxicology. New York, Heidelberg, Berlin

Archives of Environmental Health. Chicago

Berichte der Akademie für Naturschutz und Landschaftspflege. Laufen/Salzach
Dokumentation für Umweltschutz und Landschaftspflege. Suttgart
Ecology. Brooklyn
Environmental Ethics. Albuquerque
Environmental Health an Pollution Control. Amsterdam
ISU-Mitteilungen. Wissenschaftliche Gesellschaft für Umweltschutz. Aachen
Jahresbericht. Umweltbundesamt. Berlin
Medizin und Umweltschutz. Bielefeld
Natur. Das Umweltmagazin. München
Umwelt. Forschung, Gestaltung, Schutz. Düsseldorf

# Zur Person der Autoren

(in alphabetischer Reihenfolge)

### Peter Meroth

Jahrgang 1951, Diplom-Politologe, Redakteur des Umweltmagazins »natur«, studierte von 1969 bis 1975 an der Universität Konstanz und an der Freien Universität Berlin. Absolvent der Henri-Nannen-Journalistenschule in Hamburg. Zuletzt Redakteur für Außenpolitik bei der »Stuttgarter Zeitung« mit Arbeitsschwerpunkten Entwicklungspolitik und internationaler Umweltschutz.

*Veröffentlichungen u.a. in:*
»ZEIT«, »stern«, »kosmos«, »Süddeutsche Zeitung«;

*Er schrieb die Texte zu:*
Alles beginnt im Kleinen. Ein Bilderbuch zum Thema »Umwelt« - Freiburg: Herder Verlag 1985.

### Konrad von Moltke

Jahrgang 1941, studierte Mathematik und Mittelalterliche Geschichte. Zunächst Dozent an der State University of New York/Buffalo. 1976–84 Direktor des Instituts für europäische Umweltpolitik in Bonn. Derzeit Consultant bei der Conservation Foundation in Washington.

*Veröffentlichungen u.a.:*
The regulation of existing chemicals in European Community – possibilities for the development of a community strategy for the control of Cadmium »report for EEC commission« December 1985
Public policy for chemicals, national and international issues: Conservation foundation, Washington DC, 1980 (with Sam Gusman, Frances Erwin, Cynthia Whitehead). French and german editions Erich Schmidt Verlag Berlin 1981–1982
Leopold von Ranke: The theory and practice of history. New York, Bopps-Merrill, 1983 (edited and new translation and introduction, with Georg G. Iggers)